なぜ若者は「自立」から降りるのか

しあわせな「ひも婚」へ

梶原公子

同時代社

なぜ若者は「自立」から降りるのか――しあわせな「ひも婚へ」＊もくじ

第5章　「正社員でなくてもいい」の広がり

第6章　定番でないライフコースを求めて―――181

プロローグ
さようなら、20世紀

品性あるマイナスイオンが21世紀の空気
　ゆるくまったりとした時間を持ちたい
　ほどほどに退屈に、そこそこに楽しく他人を愛せたらいい
　変わる景色に迷うなら、同じ場所でいい

これはある学校の高校生が、今思っていることを率直に言葉にしたものだ（歌の文句もあるが）。言葉はさらに続く。

　何となく生きて、何となく生きられたら何とかなる
　友だち、恋人はいらない、ふっと思えば傍にいてくれる人がいれば満足
　青い鳥探しより、小さなものを大事にした方がいい

彼らは「そんなにがんばれない」「学校の勉強もそれほどしたくない」「教科の単位も要らない」

「どこかに行きたいと思わない」「別段美味しいものをたくさん食べたいわけではない」「特にこれを買いたいというものがない」「地味に質素に〈ふつう〉なくらしができたらそれでいい」と言うのだ。

大学を出たら家も車も欲しい、昇進したいし昇給もしたい、お金を貯めて海外に行きたい、あれも見たいこれもやりたいとガツガツ生きてきた我ら団塊世代からしたらとんでもなく欲も競争心もない発言だ。「このままではニッポンは落ち込んだ国になってしまう」という声が飛んできそうだ（でも、一度すっかり落ち込んでしまった上で再生するほうがいいという意見だってある）。

元ひきこもりの〈少年〉たちと付き合い、多くの元ひきこもりと接してきた私は、競争心闘争心丸出しに、買い物症候群に取り憑かれたあの品のなさを恥じている。多分団塊の世代よりも、彼らひきこもりの方がそして欲も得もない高校生の方がずっと人間として自然体でまっとう、そして省エネ時代に即応したエコな生き方だ。そういう感性こそが21世紀に対応し、適応している進化型人間に違いないそう思うのである。この感性をニュースタート（ひきこもり支援の草分け的NPO）の元代表二神能基氏は「品性あるマイナスイオンが世の中をよくする」と言い表す。

ファストファッション

30半ばのある男性から「若者のライフスタイルはずいぶんエコで節約型になってきました」という話を聞いた。例えばファストフードならぬファストファッションを利用する人が増えているという。それらの服はカナダなど海外からの輸入の古着で、ユニクロよりもさらに安い。携帯やパソコンなどにお金を使う代わりに、免許を取っても車は持たない、何人かの友だちで家を借りて住むシェアハウスやゲストハウスという住まい方をする、就職しないで有限会社をつくる、それもベンチャー企業ではなく生計を立てることを目的としたネット販売やケア労働に関する業種だという。

ひきこもる必要性

それにしても元ひきこもりの方から「ひきこもるという体験があったからこそ今の自分がある」という台詞を幾度となく聞いた。私は内心、ひきこもりという〈負〉の方法でなく、別の経験をするなかでいろんなことを獲得していく方がベターなのではないかと思った。が、彼らの場合それしか方法がなかった、それがベターな道だったからそうした、ということがやがてわかってきた。

例えば、親密な人間関係が苦手で、一人でいるほうが居心地いい、だからひきこもって安心感を得たという人がいる。けれども皮肉なことに「ひきこもりから脱して支援団体などにやってきてようやく人と出会うことができた。人と出会えてよかった、人と暮らすことが楽しいと知った」というのである。あるいは「自分はこれまでひきこもってずっと一人でいた、いま、ようやく誰かと暮らすようになった。人と暮らすようになって初めて〝寂しい〟という感覚を知った」という人もいる。ひきこもる経験をしてはじめて人と出会うことの楽しさ、人といることの寂しさを知ったというのは、不便な生活になって始めて便利、快適ということを知ったとか、病気になってはじめてなんでもない状態のありがたさを知ったというのに似ている。ということは、ひきこもりとはある種の逆説、パラドックスを含んだ行為であり、現代という時代はこの種の行為を必要としているのかもしれない。

「ふつうになりたい」

ひきこもりの人が本当に望んでいることは何なのかと聞くと、それは「ふつうになる」ことだという。それでは「ふつう」とは何か。

まずまずの大学（できればいい大学）に行って、それなりのところに就職し、結婚して家族を持って親を安心させる……というのが親世代の「ふつう」である。親世代がこれを「ふつう」ではないと考えるのはとても無理である。「絶対にこれに従えばわが子は幸せになる」と固く信じている人だって多い。だから、この考えに従わない子どもを封鎖し、屈服させようとする。

でも実は、ひきこもりもそうでない若者もそういう親の思いはわかりすぎるほどわかっている。だから親の思う「ふつう」になろうとはじめは努力する。が、どうしても親の意向に添えない体質であることを思い知らされる。彼らが思い描くのは、がんばらずに学校に行って、特に親しい友達や恋人がいなくてもそこでゆるくまったりと時間を過し、アルバイトでいいから食べていくために働き、お金が貯まったらそのお金でゆったり暮らし、質素で地味ながら束縛されない時間を過ごす……、というようなのを「ふつう」と言ったりする。

親世代は20世紀的価値観によって「ふつう」を判断し、子ども世代は21世紀的感性を持ち始め、それを「ふつう」というのである。両者は対立というよりねじれの関係だ。子どもは「親孝行しなければいけない」とけなげに思い、無理をして親の「ふつう」に従おうとするが、思うように身体が動かなくなってしまう。「ふつう」をめぐる親子の確執はなかなか解消しないかもしれない。

ちなみに本書でいう若者とは１９７０年代から90年代にかけて生まれた人であり、親世代は団塊の世代からバブル世代の人である。

たかが就労

われわれ旧世代は、60を過ぎても70を過ぎてもなかなか第一線から離れず、若い者に負けないで仕事をしている人を褒め称えたりする。労働中心主義という病に冒されているからだ。このイデオロギーに従うと、若者が職業を選ぶときは「働く意味」だとか「自分の適性」だとかを吟味しなければいけなくなっている。だから、就労に際しては厳しい就職試験があったりする。何倍もの倍率で就職するとき「抽選で選んでもいいではないか」という声は決して起きない。

人類でこれほど賃金労働を重要視する時代はあっただろうか。賃金労働はそれほど人間にとって大切なのだろうか、という問いかけがあってもいいように思う。ある程度お金があって、食べるのに困らなければ仕事などせずに一日ぼうっとくらしていてもよさそうなのに。多分、産業化される以前の人間で食べるのに困らない階層の人は、みんなそうやって来たに違いない。日本にだって明治期に高等遊民という階層があったように。

しかし、心配には及ばないという声もある。団塊の世代がやがて年を取って職場から抜けていけば、雇用は増さざるを得ない。そしてひきこもり的な人が管理職になれば、ゆるい空間ができて職場の風景も変わるだろうという意見があるからだ。できれば60を過ぎて食べるのに困らない人には「働いちゃいけない法律」とか、それでも働きたい場合は「働きたいならお金を払おう」という法律だってありではないか。

「ひも婚」のしあわせ

最近、35歳シングルの男性からこんなことを聞いた。

「20代にやりたいことはやった、今非正規雇用なのだがやっぱり正社員にはなりたい。でもそれよりもこのまま結婚せずに一人で生きていくかもしれないと思うと、恐怖感と不安感でいっぱいになる」

人はそんなに強い人ばかりではない。だから、彼の悩みの切実さがよくわかった。

「ならば正社員のシュウカツはやめて、非正規雇用だけど主夫をやることを条件にコンカツをしたらどうか」

と勧めてみた。「あなたは正規雇用でちゃんと稼いでくれる女性を探せばいいのだ」と。ある程度稼ぐ女性にとって、帰宅したときテーブルに夕食が用意されているのは夢のような話だ。とても嬉しくて感謝こそすれ「私が食べさせているのよ」などという発言は間違ってもしない。こういう家庭はきっと脱家父長的（脱性差別的）になって、家の空気はゆるみハッピーなマイナスイオンで包まれるに違いない。実際に「ひも婚」を選んだ男性を本書でも紹介するが、35歳のこの男性も大変前向き、乗り気であった。この二人はともに元ひきこもりである。そして、「ひも婚」は21世紀的ライフスタイルなのである。

こういった文脈からすれば、ひきこもりとは20世紀的価値観を拒否するがゆえにひきこもった、21世紀対応型人間だといえる。しかし、若者のなかには依然として20世紀的価値観に縛られているがために悩む人が多い。本書ではその両方の姿を学校観、ライフスタイルとライフコース、労働状況などの側面から描き出したうえで、20世紀的価値観から離脱し、さらに21世紀的感性を獲得するための道筋をつけたいと思う。

第1章　学校、絶望？　希望？

1「体罰と管理」のなかで

「服装の乱れは心の乱れ」

私が全校生徒900余人を擁するA女子高校に赴任したのは今から27年前の1986年4月のことである。当高校に都合8年間勤務したのだが、それは丁度バブル崩壊の前後に当たる。当時、中学や高校で問題になっていたのは、80年代初めのいわゆる「荒れる学校」「校内暴力」に対処すべく学校側が反転攻勢に出て、きびしい校則でもって生徒を管理し、時には教師が体罰に及ぶことすらあって、生徒に怪我を負わせる事件に発展したりすることだった。いや、厳しい指導に臨んでいる学校ではそれを「問題視」していたというよりは、「正しい教育をしている」という認識の方が強かったと言ったほうがよいだろう。

Ａ高校は84年、県教委から「女子生徒指導研究校」に指定されていた。女子生徒のためにどのような〈指導〉をするのかといえば、例えば４月に高校１年生として入学してきた生徒たちを入学式終了後学校に留め置き、担当教師たちが総出になって髪型や服装のチェックをするのである。壁に床上が り30～40センチほどのところに線を引き、その前に生徒を一人ずつ立たせる、そうして線よりも長いスカート（当時はロングスカートが流行していた）を校則に合った長さ整えさせる。整えたあと元に戻すことのないように、スカートのヘム（折り返し）の部分にマークをつけるという念を入れることもあった。髪は額を覆っていたり眉毛を隠していたりせず顔がすっかり見えるように、前髪が眉毛に少しでもかかっていたらカットする。肩に髪がかかっていたら黒か紺か茶色のゴムで縛る。爪は伸びていないか、ましてやマニュキアをしていないかチェックし、伸びた爪はきちんと切りそろえる。靴下は白、くるぶしから15センチの位置のものであること……。そうやってすべての項目に「パス」した生徒は晴れてＡ高校生と認められ、生徒手帳に載せる顔写真を写す資格が与えられる。こういった指導は、その後定期的に行われ、いつも「正しい」服装で学校生活を送るように点検を怠らなかった。

この学校には「管理教育」必要論を支えるキャッチフレーズがあった。それは「外装整いて、内装おのずと熟す」というもので、「服装の乱れは心の乱れである、服装を整えてこそ生徒も学校もよい人間、よい学校になっていく」という揺るぎない教育理念がその背景にあった。このキャッチフレーズを全校教師が共有することが肝要であり、教師は一丸となって生徒のため、学校のために指導に取り組んでいくことが求められた。今から見たらなんとばかばかしいと思われるかもしれない。しかし「管理教育」は侮ることのできない、確かな役目を果たしていた。それは全校生徒が体育館などに集合し整列したときに、一目瞭然であった。髪は全員が黒、靴下は白、長さは一定と実に整然とした生徒を造り出したのである。この光景を目の当たりにしたとき「素晴らしい指導をしている」と感動しない者のほうが少数派だったからである。

私は赴任当初、幸いにも1年生の担当ではなかったため、入学式後のこのセレモニーに付き合うことはなかったが、多くの生徒が半泣きの顔で鏡に向かって自分の前髪を鋏で切ったり、爪を切ったりしている情景を目撃した。すべての生徒の指導が終了したのは夜の8時を回っていたと聞く。その後も無断アルバイト（アルバイトは基本的に禁止、家庭の状況によって許可する）、万引き、深夜徘徊、不純異性交遊、暴力事件などなどの「校則違反」で、数多くの生徒指導が行われ、私も幾度か立ち会ったのである。

このようないわゆる「管理教育」は特にA高校に限ったことではなく、80年代後半、多くの中学や高校で実施されていた。「校則」は生徒を「拘束」し、心筋「梗塞」ならぬ閉塞状態に陥らせるなど、新聞や雑誌などで指摘、揶揄されてはいたが、学校にそのような社会の声が届いている様子はなかった。さらに学校側の「断固たる姿勢」を支えていたものの一つとして、「口で言ってわからないような生徒は、体罰に訴えて分からせることだってありうる」という周辺住民の声があった。

教師に教師が殴られる

A高校に赴任して半年が過ぎたころのことだ。職員室の私の隣の席に蒔田真一さん（仮称）という40歳になる教員がいることに気づいた。4月以来彼はずっと私の隣にいたのだから、朝夕の挨拶のほかにも何かしら言葉を交わしてきてはいた。しかし、顔を合わせ、毎日何かしらしゃべって、一見懇意に付き合っているようであってもその人と出会わないということはよくあることだ。そのときまで、蒔田さんとはそういった付き合いに過ぎなかった。しかし、夏休みも過ぎ、学校では管理的指導の嵐がまだまだ吹いていたのではあるが、世の中はすっかり秋風が吹くようになったある夕方のことだった。授業もようやく終わり、会議やらその他雑用やらも片付き、やれやれ今日も何とか過ぎたとほっとしながら私は職員室の椅子に腰掛け、帰り支度を始めた。

ふと隣を見ると蒔田先生が机に向かって鉛筆書きでなにやらせっせと書き物をしていた。その光景を見るともなく眺めていると、彼は少し薄くなった頭髪をもたげて親しそうに細い眼をいっそう細めながら笑いかけてきた。そして聞かれたわけでもないのに「毎日学校であったことで特筆すべきことを書きとめているんですよ、蒔田メモといったところかな」と自嘲的に顔を緩ませた。さらに私が質問したわけではないのに、自分は一昨年転勤してきたこと、この学校の生徒指導のひどさに驚いたこと、それ以来ずっとこの学校の管理教育に反対してきたことなどを早口にしゃべった。つまり、管理教育反対論者であることをカミングアウトしたわけである。そこまで話すと彼は私のほうに向き直り、身体をかがめ、小声になってさらに続けた。

「特にSという教師、昨年転勤してしまったけれど、聞いたことあるだろう。あれの女子生徒への対応は暴力的で酷かった。女の子の髪の毛をつかんでビンタを何発も食らわせ、正座させ、それでも反抗的だとケリを入れる、それも昼休みで先生方が何人もいる職員室で堂々とやるんだよ。先生たちはSを忠告するどころか見て見ぬふりをしている。それからね、生徒は学校指定のカバンを持ってこなくてはいけない、カバンの中身よりもまず指定のカバンを持ってくるかどうかそれを検査する。革の学生カバンは弁当箱も入らなくて、使いにくいからね、だから指定のものを持って来ない生徒は結構いる。ここの指導は生徒の使いやすさなんか関係ないから、持って来ない生徒は全員正座させられてカバンで教員から思いっきり叩かれる。それだって、見ている教員は文句を言わない。一昨年、文化祭に有職少年が何人か来るなどハプニングがあったらしい。それを理由に昨年は生徒の意見も聞かずに一般の人への公開を中止することを決めた。そのときオレは会議の席でいくつか質問をしたんだ。でも質問は全部無視された。オレはそうやってこの学校の管理的指導にことごとく反対してきた。だから今年は担任につかないばかりか（オレは今丁度脂が乗り切っている年頃だ、担任をやって教師冥利だって味わいたいよ）、校務分掌はどうでもいいような屈辱的なポストしか与えられていないっていうわけだ。要するに〈窓際族〉って言うことさ……。

見ての通りオレは『メモ魔』なんだよ。毎日こうやって学校で起きたことを事細かにメモして貯めている。ちょっとこのファイルを見てもらいたいなあ（彼はそういって机の引き出しからずいぶん使い込んだ分厚いファイルを取り出して広げた）。カジワラ先生（私のこと）は今年来たばかりだから知らないと思うけれど、オレは去年の丁度今頃あのS教員に暴力を振るわれた。アイツは空手6段だからね、そのこぶしでもって腹を殴打され、全治1週間の怪我を負わされたんだよ。これがそのことを報じた新聞記事だ」

蒔田さんが広げたページには「空手教師、同僚殴る　生徒指導のあり方めぐり」という見出しの4段ほどの新聞記事がスクラップされていた。記事は「生徒指導をめぐって空手を得意とするS教諭が同僚（蒔田先生）を殴り怪我を負わせる校内暴力事件があった」と記されていた。その記事を眼で追っている私に蒔田先生はことの詳細を解説し始めた。

「去年の９月のことだ。R子という体操部の生徒がいてね、この子からスーパーでバイトをしているのをSに見られた、明日呼ばれてきっと殴られる、何とかしてという電話をもらったんだ。そのときは『大丈夫だよ』と言ったものの、Sの暴力指導に対抗できるいい考えがあったわけじゃない。考えた末彼の暴力指導をカメラを構えることによって、暴力がふるえないよう抑止できるかもしれないということを思いついた。次の日の昼休み、予想通りSは全校放送でR子を呼び出した。R子はすぐに職員室に来た。すると立っていたR子が突然見えなくなった。正座させられたのだ、ととっさに思った」

そういいながら彼はファイルのページを繰った。そこには白いブラウスに黒のスカート、黒いボブヘアの女子生徒が床に座っている姿がモノクロで大写しにされていた。

「オレは机の引き出しからカメラを取り出し、そうっとSの背後に近づいた。生徒は正座してうつむいていたが、どのような質問にも返事をしないためSの声は大きくなり、放っておくとケリが入り、髪をつかまれ、ビンタが飛ぶことが予測された。殴られる前にSの注意をオレの方にひきつけよう、そう思ってカメラを構えていることがわかるように近づいた。Sはすぐに気がついて、『なんだ貴様！』と怒鳴りながらオレに近づいた。オレは『写真に取られて困るような指導はするな』と言って再度カメラを構えた。その瞬間Sの腕が伸びて、鉄拳がオレのみぞおちを襲った。オレの体は窓側の壁に当たり、その場にへたり込んでしまった。誰かに後ろから抱え上げられ、その場で口論になった。

オレも相手も興奮していたから、何を言い合ったのかははっきり覚えていない。

そのあとどうしたかって？　そりゃあ大変だったよ。

すぐに医者のところに行って診断書を書いてもらった。これがそうだ。『右腹部殴打痛3日間の加療を要す』とあるだろう。それからNHKの地方局から取材の電話が入る（近くで見ていた生徒がリークしたらしい）、教頭ほか二人の教員が帰宅したオレの家に面会に来る。その翌日も『県教委もショック　教師殴打事件、同僚、生徒目撃』というこの3段の見出しの記事が新聞に載るという具合に次々いろんなことがあった。だけれど一番大変だったことは、そのあとのことだ。学校当局はS教諭は冷静に対応していて殴ったところを見た者はいないと会議で発表したり、生徒に対して緘口令を敷いたり、支援してくれる先生もいたけれどおおっぴらには表明しないという具合だったから、俺は一人〈針のむしろ〉に座り続けてなきゃならなかったんだよ……」

体罰沈静化のあとに

蒔田さんはいよいよ真剣なまなざしで、それまで誰も聞いてくれなかった言い分を一気に吐き出すかのように時間がたつのも忘れて報告を続けた。私はその熱意に押される形ですっかり聞き入り、管理と体罰が一体化した生徒指導の根深さを知った。一通りの話を聞き終わるとあたりはすっかり暗く、周囲は誰もいなくなっていた。

事件当時、そしてこのときもこの学校では体罰の是非をめぐって肯定派教師と反対派教師が対立し、反対派よりも肯定派の方が人数も多く勢力も強かった。「体罰反対」を標榜することは学校内で多くの敵を作ることであり、〈針のむしろ〉に座ることを意味していた。だから、内心反対と思っていてもあえて反対を標榜しない、触らぬ神にたたりなし、見て見ぬふりが得策というものだった。

その翌年、蒔田さんは転勤して行った。まるで彼の転勤がそのきっかけであったかのように、学校の管理体制もそして体罰も弱まっていった。しかし、年頃の生徒にとっては無理難題とも思われる校則や徹底した生徒指導が長らく続いた後遺症は即座に癒えるものではなかった。嵐が去ったあとでも「指導の手は緩めない」と考える教師はいたし、「あの時こんな些細なことで、泣くほど指導を受けた」と感じる生徒は心に傷を残すとともに、学校や教師に対する〈不信〉の爪あとを残した。だから、学校内にはいやがうえにもぎすぎすした空気が漂っていたのである。

その2年後、つまり教師の殴打事件があった年から数えて4年目の１９８９年4月、今度は授業中に教師が女子生徒のそれも顔を殴って大怪我を負わせるという事件が起きた。この事件も翌日の新聞で報じられた。しかし今回は蒔田さんのときと大きく違っていた。生徒を殴った教師が体罰肯定派ではなく、蒔田さんのときに体罰反対を訴えた人だったからである。この教師は体罰反対にもかかわらず生徒に暴力を振るってしまったのである。「なぜこうした事件が起きたのか、関係者は首をひねるばかり」と新聞記事には書かれてあった。

「学校での立場を悪くしてまで教師が体罰に反対するというのは相当勇気のいることだ」などといったら今では信じてもらえないかもしれない。なぜ反対していた教師が体罰に及ぶのか当時ですら理解できなかったのだから、当たり前かもしれない。しかし、それは学校という場が外部からはわかりにくく、すんなりとは理解されにくい組織であるためだと思われる。さらに、生徒の感情というものは事態が好転したからといって、学校というものや教師という存在に対する思いも好転するというような単純なものではないという事情もある。昨年まではほんのちょっと前髪が長いというような些細なことで厳しく取り締まり、体罰さえ振るっていた、そういう学校や教師が、ほとんどそのメンバーは変わらないのに、その方針を180度転換したからといって、それをすぐさま素直に受け入れるのは生徒でなくても困難な話しである。長らく続いた管理と体罰による指導に対する生徒の〈恨み〉というものがあるのであって、それをまるでなかったことのように前に進むのは無理がある。それに学校の方針にしてもきれいさっぱり変わったわけではなかった。依然として「生徒は厳しく管理すべし」という方針を持ち続ける教師もいた。実際、この事件の少し前に生徒たちが「髪を結わえるゴムやリボンの色を夏だけでも白を認めて欲しい」というささやかな要求をしたのにもかかわらず、認められなかったのである。そうなるといったい生徒はどのような態度になっていくだろうか。たとえ体罰反対という意見を持つ教師であろうと信頼が置けない、学校というところは生徒のどのような意見も聞いてくれないところだという捨て鉢な気持ちを持つようになったとしてもおかしくないだろう。そういう思いを持つ生徒が増えれば、当然授業そのものがとてもやりにくくなって行く。この事件はそのような背景の下に起きたのである。

殴られた生徒（B子）は殴ったG先生に直接の恨みがあったわけではない。実はB子という生徒は「もっと自由な雰囲気の学校にしよう」と至極前向きに校則と向き合い、周囲の友達を巻き込んで運動を起こしさえしていたのである。しかし、担任教師（G先生ではない）はその運動を辞めるように指導したのだった。それがきっかけでB子は教師に対する不信を抱きはじめ、やがては授業を無視して関係のない本を読み続け、注意すると反抗的な態度をとるというようになって行った。ほとんどの教師が扱いやすいと思う生徒とは、授業をよく聞いてくれて先生の言うことに素直に従う生徒である。B子はその反対の態度に出て反抗した。教育熱心でまじめな教師ほどそういった態度に当惑し、こたえるものである。G先生もまじめで教育熱心であったから、ついかっとなってB子の頭や顔を過酷で執拗に殴った。その当たり所が悪く全治１ヶ月の重症を負わせてしまったのである。

これが大きなきっかけとなって学校も教育委員会も「体罰は絶対にいけないこと」とその根絶を異口同音に表明するようになった。

2　教室はフルーツパーラー

「就職コース」という快楽

「管理と体罰」の嵐が過ぎ去って2～3年が過ぎ、嵐に巻き込まれていた生徒たちはすっかり高校を卒業し、新たな生徒たちに入れ替わっていった。管理教育は嘘のように消えていく中で、生徒も変わって行った。

さて、当A高校は女子だけの普通高校だった（当時県内に同種の高校は10校あまりあった）が、２年生になると自分の希望に沿って「進学コース」か「就職コース」のいずれかを選ぶことになっていた。両者の生徒割合はほぼ7：3で、90年代初めまでは「就職コース」には１００人を欠けるくらいの生徒が在籍していた。90年代初めころの高校生の就職率は30％を越えており、むしろ売り手市場であったから、高卒の資格さえ保証されればほぼ間違いなく就職することができた（求人倍率が1を割り、就職率が2割をきるのは２０００年代になってからである）。つまり現在とは反対に「進学コース」を選んでも必ずしも希望の大学、短大にいける保証はなかったのに、「就職コース」を選べば就職先に困らなかったのである。

進学を希望した生徒は進学指導に耳を傾け、推薦書を書いてもらうためには素行にも気を配らなければいけなかった。一方、就職の場合は就職試験さえ無事にクリアすればよいのであって、クリアした後は「もうこっちのもの」だった。高校生の就職試験は9月半ばであり、合否は10月はじめに判明する。だから、それ以降学校で勉強する意味は急速に希薄になっていくのである。しかも学校の教科というものは生徒たちが自主的に学びたいという内容ではなく、公的に国が良かれとして定めた「古典」や「数学」を学ぶのだから、学ぶ理由が見つからないのである。学ぶモチベーションを挙げる方法はただ一つ、生徒の忍耐力を養うよりほかないのであって、それのできる教師はほとんどいないように思われた。ほとんどの生徒が授業に関心を持たないのだから、教師たちにとって3年生の「就職コース」のクラスを受け持つことは苦労を背負い込むことも同じで、できれば避けたい選択だった。しかし誰かが持たなければならない。その場合、授業を授業らしく行おうとすればするほど生徒との軋轢は強まる。だから担当教員はそのクラスに向かう前にはため息をついたのち気合を入れたり金魚鉢の金魚を眺めたりと、何らかの工夫が必要だった。

就職先の決まった女子高生が最も学びたがっていることは、どのような髪型、メイク、ファッションにすれば自分をより魅力的に見せられるかということであり、それは一にも二にも素敵な彼氏をゲットするためだった。その次に学びたがっていることは、それら髪型やファッション、時にはデートに費やす資金を調達するためのアルバイトのためのさまざまな情報であった。したがって、彼女たちが学校に持参する必須アイテムは鏡であり、ヘアブラシであり、ちょっとした化粧道具とファッション雑誌であった。が、残念ながら彼女たちが熱心に学びたがっているそれらを学校では教えてくれないばかりか、それら知識や技術は不必要とされた。

そういうクラスの教科担任になった場合、教員が採用する授業方法はおよそ3つのタイプに分かれた。一つはもっともメジャーな方法と思われるが、生徒が授業を聞かずにおしゃべりしたり寝ていたり、果ては雑誌を読んだり音楽を聴いていても「教師の本分は授業である」としてそれらにはお構いなく授業をする方法である。多少の注意はするが、無理にでも生徒にいうことを聞かせようとするのではなく、決して深入りした注意はしないことが大事である。この方法は熱心でまじめな教員が採用する場合が多かった。しかし、生徒を無視してひとり授業をするのは相当精神的負荷がかかる。第二の方法は教科書や指導要領など気にしないで、生徒の注意を喚起しつつ、関心を持ちそうなそのときの話題性のあるビデオなど視聴覚機材を用いる、あるいは「怖い先生」を装ったりして強力に生徒を牽引して行くやり方である。この方法は自分なりの教育理念を持ち、ベテランで力のある教員が採用した。そして、第三の方法として「授業をやらない」あるいは「何もしない授業」というものがあった。

「何もしない授業」

私はこの第三の方法を採用した。この方法を他の教員も採っていたのかはわからない。「授業をやらないなんて、教師として言語道断である、ましてや担当しているのは『保育』という女子高生に欠くべからざる授業ではないか」とか「その事実を校長や県教委、保護者などが知ったらクレームがつくのではないか」「ほかのクラスの生徒にしゃべってしまうのではないか」という思いがなかったわけではない。また当初から「何もしない授業」にしようなどと決めていたわけではない。以下に述べるように偶発的なきっかけがあったためである。

重要なことは「就職コース」の生徒たちはどのような内容であれ、授業を受けたくないと思っている、その思いを尊重することである。またクラスの全員といってよい生徒がそのように思っている場合、「あの先生は授業なんかしないのよ」などとしゃべる生徒などいない。この〈秘密〉を洩らしてしまったら、そのとたん必ずや「授業はしなければいけない」という事態を招来させ、クラスみんなで共有していた「何もしない授業」の楽しみはすっかり奪われることになるからだ。

初めての授業に際しては私は教案も教材も準備万端だった。しかし、教室のドアを開け生徒をみたとき何か自分が思い違いをしているのではないか、という衝撃を受けた。生徒たちは思い思いに机をくっつけ、そこに鏡を立て、化粧道具、ブラシ、週刊誌、ラジカセ、カセットテープ、ゲーム類などを雑然と並べ音楽を聞きながらリラックスした姿勢で談笑していたのである。教室に先生が入ってきても見向きもしないばかりか、おしゃべりは止む気配がなかった。彼女たちにとって教室は憩いの場であり、友だちと思う存分おしゃべりのできる息抜きの場であった。

私はきちんとした授業をしなければというのは教師の勝手な願望だったのではないかと思い、持参していた教案を破棄した。次の時間から教室には行くが授業はしないで読みかけの本を読むことにした。何回目かの授業のとき最前列に座っていた子が「センセイ、授業やらないんですか？」と、恐る恐るという口調で質問した。「やっぱりやった方がいいかな？」と私が答えると、周囲で返答に聞き耳を立てていた生徒たちが一斉に激しく首を振って「このままでいいよ」と言った。それを確認すると私はすでに決めてあったことのように、授業に出席したら必ず単位が取れること、教室から出たら赤点になること、それが唯一のきまりであると生徒たちに告げた。

実際、生徒はこのルールを守り思い思いのことをやって1年間を過ごした。やがて生徒は「本なんか読まないで一緒におしゃべりしましょう」などと誘い、今どんな彼氏と付き合っているのか、どんなデートをするのかとか、どこでどのようにして万引きしたとか、何とか禁煙したいんだけれど毎日帰宅したとき吸う一服は止められないだとか、あの子はだれそれと同棲している、同棲生活に必要な食器を調理室から黙って持って行ったんだけれどセンセイ、気がつかなかったでしょう、などと本当なのかうそなのかにわかには信じがたいことを次々に教えてくれた。また、ジェンカというブロックゲームに誘う者もいたし、さらには、姉が下着の販売業をしているのを手伝いたいといって、周囲の友だちに注文を取る子もいた。見ると中国製商品で、高校生でも手が届きそうな値段だった。熱心に品定めしたあと、「私自分のサイズがわからないから、どのサイズがいいのか決められない。センセイ家庭科でしょ、ちょっとバストのサイズ測って」といって制服の上着をたくし上げ、どこから持ってきたのかメジャーを差し出すのだった。毎時間必ずといってよいほど遅刻する生徒もいた。その一人Y子は「夜のアルバイト」をしているから朝起きられないというのがもっぱらのうわさだった。彼女は陽がすっかり高くなってから教室にやってきた。デパートに買い物でも行くようなバックを腕に引っ掛け、教室に入るなりバックからブラシを取り出し、長い茶に染めた髪をとかすのだった。

彼女たちは授業を無視するばかりか、無理にでも授業を押しつけようとする教師に対して教卓の椅子に画鋲を撒いたり、黒板拭きやチョークを隠したり、規則を守ることを強要する教師の靴に墨汁を流したり、車のボディをコインで傷つけたりした。あるいは教室にかかっているカーテンをハンカチ代わりにして手を拭いたり洟をかんだりしたし、彼氏を誰かに取られたその仕返しをしたい、そのために腕力をつけなければと教室の壁をこぶしで叩いて穴をあけたりした。さらに教室に先生がいないときに級友が喫煙したとしても決して口外することはなかった。「就職コース」に在籍した当時の生徒たちには、今ではほとんどといってよいほど失われてしまった〈仁義〉というものが残っており、一種の連帯感で結ばれていた。

「努力したって報われない」

ここで次のように反論されるかもしれない。

「生徒が高校で就職が決まったとしても、それ以後授業が成立しないということはないのではないか、ちゃんと授業ができる学校だって沢山あるはずだ」

確かにその通りだ。が、ここで考えたいことはなぜ授業が成立しないかではなく、なぜ成立するのかということなのだ。なぜ授業は成立するのか。それは多くの生徒は何のために勉強するのかわかっていてもいなくても、あるいは授業が面白くないとか何の役にも立たないことがわかっていても、先生に恥をかかせないように先生を立て、授業に付き合い、先生がよろこび望むような回答を用意する。だからそういう生徒の思いに支えられているのである。また、生徒は何のために努力し、何のために勉強しているのかわからず、しかもその授業が耐えがたいほど苦痛であると感じていたとしても、このことをたやすくは口にしない。口にしたらその生徒は教室の「空気が読めない人」とみなされてしまうからである。学校でうまくやっていくこと、学校に馴染むことは生徒にとって非常に大事だから、教室という枠内では他の生徒や教師とうまくやっている、馴染んでいるように振舞わなければならない。

授業や成績の持つ意味が生徒と教師でいかに違うか、このことにはっきり気がついたのは「就職コース」の生徒E子との何気ない雑談がきっかけだった。どのような脈絡からだったか忘れたがそのとき彼女はふと次のようなことを洩らした。

「センセイ、あたしね、学校に入るときに高校入試があるでしょ。そのうちの『社会』が零点だったのよ。だから絶対に落ちると思っていた。でも合格したの。それで、この学校はよほどばかなんだと思って、がっかりしたの」

私が「『社会』では必ず記号問題があるでしょ。でたらめに答えたとしても全部間違っているなんていうことはないと思うけれど」というと、E子は真剣な面持ちで、試験が終わったその日テレビで放映する「回答速報」を見て自己採点したから間違いないと答えた。さらに「高校に入ってから『英語』はいつも赤点なの」と付け加えるように言ったのだが、私にはE子が零点を取る〈頭〉しか持ち合わせていないとは思えなかった。そうではなくてE子は努力してよい成績を取る「耳穴っこ」〔注1　ポール・ウィリスは『ハマータウンの野郎ども』（熊沢誠、山田潤訳、２００１、ちくま文庫）のなかで、学校べったりの従順な生徒たちのことをこのように呼んで軽蔑していることを紹介している。このことをここで援用した〕を鼻先で笑い、答案用紙に面と向かうことをハナから拒否しているのではないかと思われた。「努力すれば報われる」学校とはそういうメリトクラシーなる原理で貫かれている。教師という人種はこの原理を信じて努力しその結果報われた方に属する。それを信じても報われない場合だってあるしむしろそういう人の方が多いと思われる。にもかかわらずほとんどの生徒はこの原理を受け入れている、というより受け入れざるを得ない。だから努力しても報われない生徒は学校では目立たない存在に甘んじる。「社会」という教科であれ何であれ、学校が設定する教科内容に興味、関心の持てない生徒は沢山いるのだが、これとは裏腹に教師を長くやっているうちに、学校で学ぶ内容は社会に出たとき必要なことだ、このくらいのことは教養として身につけていなければいけないと思い込むようになる。

私はE子との雑談を通してクラスの生徒ほとんどが、それこそ集団でこの原理を拒否していたことに気づき、衝撃を受けた。E子の言葉にはメリトクラシーそのものを拒否している悲哀と達観、「努力したって報われないでしょ。でもそれがどうだっていうの」そういう本音が含まれていた。〈授業〉という学校においてもっとも重要なものをなぜ「就職コース」の少女たちはこれほど軽視するのか、あるいは軽視できるのかその回答が含まれていた。つまり彼女たちはよい成績を取ることにあくせくと努力する、そういった生徒の〈本分〉を心の奥で疑い、拒絶しているように思われた。E子の言葉はそういった現実理解に支えられたものにほかならなかった。

反学校文化

教室がフルーツパーラーのようでまるきり授業が成り立たないといったら、そこの生徒は「落ちこぼれ」と呼ばれるだろうし、そういう学校は「荒れた学校」と形容され軽蔑され、切捨てられる対象かもしれない。しかし、メリトクラシーの原理が成り立っている学校文化とははっきりと一線を画した反学校文化というものがある。このことは先に挙げたイギリスの社会学者ポール・ウィリスが『ハマータウンの野郎ども――学校への反抗、労働への順応』〔注2　注1に同じ〕で描いている。「野郎ども」とは1970年代イギリスを舞台に中等学校を出てすぐに就職する労働階級の少年たちのことで、学校に不満を持つが労働生活には適応する生徒である。彼らは労働力を媒介に世界と能動的にかかわっていく生徒であり、労働にあけくれる人生についての心構えができているとウィリスは指摘している。

「就職コース」の少女たちも、翌年は必ずどこかの職場で働くことが決まっていた。当時は現在と違ってほとんど努力などしなくても女子高生は就職できたのである（その仕事とは生涯自分や家族を養うためのものではなく、「若い時」に限られる結婚までのつなぎであって、結婚後共働きを前提にするというようなものではないのではあるが）。〔注3　実態としては、『労働と愛と教育』（全国高校女子教育研究会、1991、ドメス出版）によると1986年に雇用均等法が施行されるが、高卒の場合均等法はほとんど存在意味を持っていなかった。しかし、90年代に入ると「売り手市場」に変わったけれども同時に労働力不足は労働の強化や

〝求人票の嘘〟が80％に上ったということがある」ウィリスの指摘に照らしてみれば、「就職コース」の少女たちもまた、家事労働を含めた労働にあけくれる人生に対する心構えができていた。つまりこれから労働者になること、「手足でかせぐ」人間になることを認識していた点で反学校文化を形成する「野郎ども」と同一線上にいたのである。

ところで彼女たちが規律や訓練に従わないのは、反骨精神というような意図的、意識的なものではなく、また自主、自立の精神からでもなかった。むしろ彼女たちは自分自身で物事を考えたり、判断したり、ましてや自分で自分の運命を切り開いていこうなどというのが恐ろしく苦手で、世の中の慣例や慣習に従い、成り行きや流行に身を任せるのを好む子も多かった。このように言うと「学校の規律や訓練に従わず、授業もまじめに受けず、世の中に流されていくとしたら、大変なことになっていくのではないか」と思われるかもしれない。しかし、私の感じるところではその逆のように思われた。なぜなら彼女たちの多くはもって生まれた素のままの人間性、持ち前の優しさだとか素直さ、天真爛漫なところ、おおらかさ、したたかさ、繊細さ、感受性や感情の豊かさなどなどが〈学校の規則〉によって捻じ曲げられることなく温存され続けたからである。本来誰もがそれぞれに持っているよさを、学校への適合によって失うことがなかったと言えるのである。

さらに不思議なことは彼女たちと接しているとき、どのような話を聞いたとしてもいささかのストレスも感じなかったのである。授業をしたくない生徒たちと接して、教師がストレスを感じなかったと告白したら信用されないかもしれない。しかし、彼女たちは世の中の慣例に従って生きること、言い換えるなら若い時分は仕事をし、結婚後は家父長的家族の中で主婦として生きてゆくのがごく自然の成り行きと捉えており、その反対に自分というものを重視し、「自分」を第一に考え、何事によらず「私が」という主語を真っ先にもってくることはしなかった。主体的に生きるとか、「個人」を尊重するとか、自分のやりたいことに執着するとか、自分を造り上げていくという考え方を持つことはなく、みんながそうするから自分もそのように流されながら生きていくのを当然と考える、そういった人間の一つの典型であった。つまり「自分」とか「個」というものを持たないがゆえに、付き合っていてもぶつかりあうことがないのだった。

こういった「個」や「私」の主張が少ない少女たちは、いつもどこかで誰かとつながっていたい、孤立すること、一人になることはさびしくていやなことだという思いを抱いていた。だから友だちや彼氏と一緒になって共同感を持ちたい、そうして安定した生活を得たいと考えていた。そういう思いが一種の固い連帯感を彼女たちにもたらしたと思われる。

3　学校に馴染むということ

みんな大学へ

１９９４年、私はA高校を離れその地域で「優秀」といわれ、生徒のほとんどが「進学」するB高校に転勤した。進学校には「就職コース」というものは存在しないし、もちろん授業はきちんと成り立っていた。転勤した当初驚いたことは、調理実習室にある調理台はじめそこに配置してある備品、器具にまったく破損がなく、布巾が真っ白だったことだ。しかしこのころすでに生徒は思い思いにポケベルや「たまごっち」などを所持するというように、世の中にはさまざまなサブカルチャーが増大し、若者の表現や行動の自由度は急速に大きくなっていた。パソコンを使う生徒も増え、携帯電話も普及し始め、消費や情報はより高度になっていたが、それと反比例して高校が受け持ってきた教養や文化の伝達はここでは担いきれなくなり、ほかの部署に奪われる状況が広がっていた。しかし、進学校といわれる高校ではこのような社会の変化に目を向けるよりも、進学率を上げることこそが最重点項目であった。そのためにはかなめとされる教科を中心に「センター試験」にいかに対応し、成果をあげるかが課題だった。進学校は教養や文化の伝達の場ではなく、生徒たちが和気あいあいと集う場でもなく、「よりよい大学」に進学するための支援の場に収斂していた。

B高校の生徒の様子は調理室の使い方でも伺えるのだが、しかし校則にたいする態度はA高校と大きく違っていた。B高校でも多くの女子高生は当時流行していたルーズソックスを履き、黒、紺、茶以外の色のついたマフラーやリボンを着用していたが、それらはいずれも「校則違反」であった。だから「綱紀粛正（!）」をスローガンに、やはり服装検査や髪型検査が朝の登校時に行われていたのである。A高校のやり方に慣れていた私は、生徒とはどこの学校であれ規則に反発するもの、規則を守れという教師に反抗し、社会の流行を取り入れていくものだ、だから、校門でチェックをしても生徒は逆らうであろうと予測していた。しかし、B高校の生徒の指導に対する態度は私の予測をまったく裏切るものだった。校門で「それは違反だ」と教師からいわれれば、彼女たちは即座にマフラーを首からはずし、ルーズソックスを脱ぎ、素直にほとんど嫌な顔もしないで直ちに教員にそれを差し出したのである。つまりまったく教師や規則に従順であった。このようなこともあった。あるとき、私は学校の手洗い場でふたりの女子生徒がかがみこみ、ひとりは泣きじゃくり（仮にN子としておく）、もう一人がなだめているのに遭遇した。どうしたのか、何があったのか聞くとなだめている生徒が懸命な顔つきでわけを話してくれた。それによると、泣いている生徒は体育のあと足を洗おうと裸足になっていたが、そこを通りかかった化学の男性教員に足の爪に施してあるペティキュアを見咎められた。この教員はペティキュアをすぐに落とすように厳しく言ったので、「リムーバーを持っていないからすぐには落とせない」と答えた。すると「足の爪をはがしてでも落として見せに来い」と言ったという。私が通りかかったのはその直後だったのだが、たかだか足にちょっとしたおしゃれをする、そのことにこれほどまで権威的になれる教員に内心たじろいでしまった。その後N子はどのようにしたかというと保健室でリムーバーをもらい、すっかり落としたあと化学の教員にそれを見せに行ったという。

それにしても、B高校の生徒はなぜかくも教師や規則に従順になるのだろうか。

その答えは「いい大学」に進学するためである。進学校に入った生徒は「いい大学」に入ることを目標に、将来「頭でかせぐ」人間になる心構えをつくる。目的達成のためには教師や規則に内心反感を抱いたとしても（実際、生徒の多くは反感を抱いていた）とにかく抵抗してはいけない。「この規則はおかしい」というような問題意識を持ったとしてもその思いを封じ込め、規則を守り、学校に素直に順応することによってその第一歩が踏み出せるからである。希望大学を受験するには先方に「調査書」を送らねばならないが、「調査書」の項目すべてを記述する権限は教師が握っているからであり、推薦入試や指定校推薦入試を受けたいのであれば、なおさら教師の覚えをめでたくしておかなければならないからである。

1990年の高卒者の進学率は30・6％であり、就職率は35・2％で就職率のほうが高いが、94年になるとそれぞれ43・3％、18・6％、2000年では45・1％、18・4％というように就職率がぐんと低くなるのと反比例して進学率が増大する。〔注4　平成2年度「学校基本調査報告書」、平成6年度『学校基本調査報告書』文部科学省、平成12年度「学校基本調査報告書』文部科学省による〕2010年には高校生の半数以上が進学するようになり、進学校といわれるところだったら〈みんな〉が大学進学を目指すようになる。ルーズソックスをはき、「たまごっち」で遊び、パソコンを操るという点において、A高校もB高校も生徒の生活意識や態度にそれほどの差があるわけではないのにである。

「ひきこもり」のルーツ

高校生の多くが大学進学し、しかもできるだけ「いい大学」に行きたいと思えば思うようになるほど、彼ら／彼女らは教師や規則に従順になっていくと思われる。より正確には表向きだけは従うようになると言ったほうがよいだろう。

近代学校は国家が必要とする、国家の役に立つ国民を育成するという理念に基づいてつくられた。教師はこの理念に沿うよう、そのお手伝いをする役目を負う。だとすれば教師や規則に従順になれば、近代教育のこの理念をも受け入れることになるのだが、ことはそんなに単純ではない。90年代後半以降、〈みんな〉が大学に行くようになった。この場合生徒たちは表向きは教師や規則に従順であるけれども、それは国家が必要とする国民になるためというわけではないからだ。生徒も親御さんも何より大事なのは「国民としての私」や「我が子」ではなく、「子どもが望む将来」であり、「自分のための私」のであった。生徒は「私は自分の将来をどのようにしたらよいのか」「どのような将来設計を描くのがこの私にとってベストなのか」に最も関心を寄せ、思い悩み、真剣に考えるようになった。『学校基本調査報告書』によると昭和50年から女子の大学進学率が男子を上回るのだが、学校内では学力優秀であれば、特に入試で高い得点を取れば男女間の差異はほとんどないといってよい。社会では女性差別があろうとも、学内で学力を競うという点で女子生徒は男女平等意識を持つことができるから、「能力さえあれば、努力してよい点さえ取ればどのような希望の大学にも入ることができる」というように「私」意識が強まる。「私」への関心が高まると、クラスに生徒が40人いたら40通りの人生設計が描かれ、40通りの大学、学部選びが始まり、40通りの入試のスタイルができあがる。普段は「みんなと一緒」が好きな生徒も、誰一人みんなと同じ大学や学部を選び、同じ入試スタイルにしたいなどという者はいなかった。「私」の人生は「私」だけのもので、誰にも、もちろん国にも親にも左右されずにそれを選び取る権利がある、そう信じるようになった。これに対して「就職コース」の少女たちは「個」や「私」を主張せず、「他人とうまくやりたい」「みんなとうまく折り合いをつけたい」といった和合感、連帯感への憧れを持っていた。この点が大きく違っていた。

80年代から2000年代始めにかけて私が見た高校生とは、「体罰と管理」に反抗し抵抗する生徒であり、反学校文化を形成する「就職コース」少女たちたちであり、学校の指導や規則に馴染みつつ進学を目指す生徒たちであった。これらなかで私が最も惹かれたのは「就職コース」の少女たちである。なぜ彼女たちに惹かれなぜ注目するのか、その理由は当時はよくわからなかった。しかし、あれから10数年が経って元ひきこもりの〈少年〉たちと出会い接するうちに、彼女たちは彼らととても共通する何かを持っていたのだと思うようになった。そういう意味で彼女たちはいわばひきこもりのルーツとも言える存在であり、私がひきこもりに対して関心をもつようになった吸引源なのである。なにがどのように共通するのかについては縷々述べていきたいと思う。

第2章「陰険」だけど「楽しい」ところ

1　教師が〈うつ〉になるとき

やりがいある仕事を求めて

教員になったばかりのその年「新規採用教員研修」というのがすべての新規採用教員に課された。一連の研修のなかで今も頭のどこかに刻み込まれている先輩教師が語った言葉がいくつかある。その一つに「教師にとって授業は命」というのがあった。教員の仕事の基本はどのような授業を何時間受け持つかでその多くが決まる。授業は仕事に占めるウエイトでもっとも大きなものだから、ほとんどの教員は授業をどのようにすれば生徒をひきつけられるか、どのように話せば生徒にわかりやすいかということに一番心を砕き、かつ悩む。だからたとえ授業で苦労していないとしても「そんなことはない、授業など適当にこなせばいいんだ」など言える教師は少ないのではないか。とにかく教師にとって授業は大きな存在である。

この言葉の通りに実行していこうとすると「今日の授業はうまくいった、しっくりと生徒に届いた」と感じられることはまれと言ってよく、ほとんどは教案通りにいかなかったという後悔の念を心のどこかに残すことになる。だからうまくいったその瞬間は教師冥利に尽きるし一種の快感になる。そうなると教員はこの快感を味わうべく（もちろんそうでない場合もある）、学校内でも学校外でもさまざまな授業研究のための学習会をもつようになる。なかには「いい授業」をするためさまざまな学習会や指導書などを求めてジシーのように流浪する教師もいる。かつて授業研究会で一緒に活動した教員の伊東真理子さん（仮名44歳）もそのような熱心な先生の一人であった。

真理子さんは高校生のときに教師になる志を立て、〈理想〉の教員教育を行う大学に進学し、枠にとらわれない教育を目指す高校に就職して15年余りが過ぎていた。家庭科の教員であったにもかかわらず、社会科とも総合学習ともつかないような授業内容を展開していた。例えばまず沖縄の食材を専門店に出向いて買い求め、生徒に試食させる。それぞれ食材が何であるか特徴や作り方をレクチャーする。さらになぜ沖縄は長寿だったのかを「食」をキーワードに考えさせ、発表させる。最後に沖縄ならではの料理を作って食べるというように、授業が整然と流れそれぞれが意味づけされていた。またあるときはカウンセリング的手法を取り入れて人間関係作りのトレーニングの授業をし、〈なぜ相手はそう考えるのか〉〈自分は何を大切に思っているのか〉について考えさせた。さらにあるときは特徴ある部屋の間取り図を示し、そこに住む人はどのようなライフヒストリーを持つ人なのかを想像させ、グループワークを通して生徒に発表させるというように、常に生徒一人ひとりの思いや感性、考え方、目の前の生徒の現実やニーズを大切にする授業を実践していた。

彼女の場合、授業に際しては何の脈絡もなくいきなり教材を提示するのではなく、「そもそもこのことはね」という話のきっかけ作りをし、それをもとにいくつかの「問い」を生徒に投げかける、その「問い」の答えを考えるために実に多彩で念の入った資料を用意する。そして授業の最後には必ずや生徒から「！（驚き）」や更なる「？（疑問）」を引き出したり、限られた時間内で何らかの気づきをもたらしたり、考えの幅を広がらせ、あるときはそれまでの考えを転換させたりするのだった。実践報告を聞くたびにそういうダイナミックさが満載のもので、単に面白く楽しいというだけではなく、常に扱っていることが新鮮であること、この授業を通して何をしたいのか、何を言いたいのかが明確であることにも驚かされた。

真理子さんのこのような姿勢は、「やりがいのある仕事をしたい」というもともとの思いがあったのはもちろんであるが、勤務する学校が教員のモチベーションを高揚させ、個々の創意工夫を求め、教員同士切磋琢磨する校風であったことも大きい。

ある日学校に行けなくなった

ところが7年ほど前の夏休みを控えたころのことだ。久しぶりに真理子さんから電話があった。要件は「ひと月ほど前に体調を崩し、その後〈うつ〉だと診断され、今は休職している」という大変な状況報告を手短に伝えるものだった。もちろん活発で探究心に富んだ彼女のこれまでの様子からは信じられない報告だった。

彼女によれば、5月の連休明けくらいから朝、学校に行こうとすると急に腹痛が起こったり吐き気がしたり、あるときは本当に吐いてしまったりして、休まざるを得ないことがあった。休みの日は一日中起きられないことがあり、一日何も食べずに寝ていることもあった。その後状況はもっと悪くなった。シングルなので家事もしなければいけないのに、洗濯や掃除はおろか買い物も入浴もできなくなった。洗濯物がたまるので下着は使い棄てるようになったし、ごみはたまる一方だった。学校に行ってもこれまでのように教案が考えられず事務処理も滞るようになった。それでも「学校にいけない」とは言いにくく「いやなんだけどいかなくてはいけない」という思いと闘い続け、ようやく病院に行くことを決心した。そこではじめて〈うつ〉だと診断され、とりあえず休養を要することから休職が決まり「心からほっとした」と打ち明けたのだった。

その後1年半の休職を経て職場復帰し、復帰後また体調を崩して2年ほど休んで再復帰、そして休職ということを繰り返し、結局7年が過ぎた。この間、何度も方向転換、つまり教員を辞めて転職することを考えたし、学校側からはパートタイムを勧められもした。通常「うつ」を発症し、なかなか恢復しないでぐずぐず長引いてしまうと、つい弱気になって周囲から勧められるままに方向転換をしてしまうこともままあると聞く。真理子さんは物腰の柔らかな断定的なことは言わない、したがってどちらかといえば優柔不断な性格で、人当たりがよいほうだ。争いごとは嫌いでコトを荒立てず穏便に済ませたり、できるだけ回避したりするのを好むタイプだ。だからいつかギブアップしてしまうのかもしれないと思っていた。しかし優柔不断な性格だからといってすぐに折れるものとは限らない。この人は世の中の趨勢や風潮に安易に流されるタイプではなく、自分の思いもやすやすとは曲げず、社会の圧力に簡単には屈服しないという根の強さというものを持っていた。だから幾度も「もうやめて楽になろう、いっそ誰かと結婚して働かずに養ってもらおう」と考えたのであるが、それを実行に移すことはなかった。

その間何かことあるごとに電話がかかってきた。よく口にしたことは「飼い猫になれたらなあ、いつも食べ物はあるしかわいがってもらえる」「公園に来るすずめになるのもいいかも。自由だし、悩むこともない」などという取り留めのないことだった。1年半の休職ののち復帰したその年も、どのような思いで毎日働いているのか報告して来た。受話器の向こう側からはともかくもまともに授業をしたいという思いがあるのにもかかわらず、焦る思いとは裏腹にこれまでのようにちゃんとした授業ができず、きちんとした教案を考えようとするとパニックになるうえ、先生らしい言動も取れないことなどが訴えられてきた。「授業の流れを作り、何かしら意味づけするといった授業が出来ない、そういう回路がいつしかつながらなくなっているんです。それだから今日はジャガイモを買ってきて、それをひたすら薄く切って油で揚げる、そうするとポテトチップスができるでしょ、ただそれを作って食べるだけの授業だった。こんなの授業なんていえないわよね。とっくに教員失格なのだけれど、ウチの学校はまだほかに比べたら枠にはまらないことを大事にしているからできるようなものよ」と、自嘲気味に言った。

ポテトチップス作りのような授業が続くと他の教員からは非難されたのであるが、生徒の受け止め方は違っていたようだった。というのもこの学校では毎年の学園祭で「人気ある教員」が生徒の手によって投票されるという。この年も人気投票が実施されたが、結果は誰の予想にも反して「人気ナンバーワン」に選ばれたのが真理子さんであった。彼女からは「近年で一番嬉しかったこと」としてさっそく電話がかかってきたのだが、聞いている私も嬉しかった。もちろんこれまでどおりにがんばっている先生からはなぜまともに授業すらできない〈アイツ〉が人気ナンバーワンになるのか、おかしいではないかという非難を受けた。確かになぜ彼女が選ばれたのだろうか。

そのころの真理子さんは「こうあるべき」という思いを持って生徒に押し付けることができない、教師らしくない人間になっていた。そして生徒は一番教師らしくない教師、授業らしい授業をしない人を選んだ。学校にいるのに〈先生〉ではない真理子さんは、生徒の目にはごく普通の市井に暮らすおばさん（お姉さん？）として映り、そのような大人にこそ生徒は出会いたかったからではないかと思われた。

〈不登校〉という進歩

彼女はさらに次のような取り留めのない話しをしてくれた。

「教員になってから15年間というもの毎日がフル回転で立ち止まることなく自分の中で何かが目まぐるしくまわり続けていたのです。忙しく日々がまわっているのにそれが当たり前になっていて、でも本当はその生活に適応できないところがあったと思う。それが我慢できないところまで達していたのに気がつかず〈うつ〉という形になってようやくフル回転をストップさせることができたのです。

今、復帰して、仕事をしていても力が抜ける感じがするんです。テンションを高くしたり過度に緊張したりするようなことはとてもできない。時折ふっと思うのは、これまでのあのがんばりはいったいなんだったのだろうか、果たして必要だったのだろうかということ。『いい先生』『いい授業』『心に残る授業』を目指してやってきたけれど、そういうやり方でなければいけなかったのだろうかと思います。『いい授業だ』というのはきっと教員にとって『よい』のであって、生徒が聞いていてそれがリアリティのないお説教に聞こえるとしたら、生徒にとっては拷問に近い苦痛かもしれない。そう感じるようになってから一斉授業ができなくなってしまいました。

学校という建物は奇妙ですよね。ことに廊下から見える光景がどうしても馴染めなくなってしまって。学校の廊下って一直線でしょ。そこから全部の教室が一望に見渡せる、その教室に何十人も生徒を閉じ込めて、出席、欠席、遅刻、早退を管理する、このシステムが奇妙に感じられて仕方ないんです。あのような建物はみんな博物館にでもなってしまったほうがいい、それくらいレトロな代物なのに。健康診断のときも生徒を一列に並ばせて身体の細部まで計測するために同じ行為をさせる、あれもとても違和感があって……。学校には建物とシステム、それから先生がかもし出す一種独特の雰囲気ややり方があって、それまで普通の街中を歩いていたとしても一歩でも学校の中に踏み込んで、そこに充満している空気を吸うと急に、『はい、従います』という気持ちにさせられる、そんなところなのですよね。教員は常にその空気を吸っているわけだから空気の臭いに慢性化しているし、その空気に従うことができる。でもそれを吸うのを無意識のところで拒否している、そういう自分がいることがわかってきて、学校の制度やシステムに従えない、今の自分はそんな人間なのだと思えるのです……」

そしてこの４月、もうこれでだめだったら教師を辞めるしかないという、ファイナル・アンサーともいうべき最終復帰になった。復帰するその直前次のように語ってくれた。

「教員よりほかに自分ができる仕事がないから仕方なくしがみついているだけなんですよ。この先どのくらいやっていけるかわからないけれど、もしかしたら4月いっぱいも持たずにだめになってしまうかもしれないけれど、今はこれしか選択肢がないから。

この7年を振り返ると、あるときまで学校には行かなくては、馴染まなくてはと思い努力してがんばってきました。でもあるとき『もう行かなくも、馴染まなくてもていいや』と思い切って決断したのです。というよりも身体のほうがついていけなかったから……。はっきり行かない、馴染まないという決断をしたとき、自分的に『これは進歩だ』という感じがして目の前が開けた気がしました。この〈進歩〉を遂げた形が〈不登校〉なんだと思った。妙な言い方だと思われるかもしれないけれど、身体が拒否しているものからUターンして逃げていく、そういう〈力〉を身に付けたという感覚といえばいいのかしら。それは〈進歩〉と呼んでもよいのではないかと思ったのです。

そう感じたとき、卑屈になることも悪くないなと思ったのです。そうやって自分を虚しくさせて、素のままの謙虚さを持った人間になることで何かがすっと抜け落ちていくような感じがしました。負け惜しみと聞こえるかもしれないけれど、そう感じる人間がひとりでも増えることが社会にとってよいことかもしれない、ゆるくてスローな社会、もうちょっといてもいいなと思える社会に近づくのかもしれないですよね。

教員をはじめて15年間というものとてもテンションが高く、いつも〈躁〉の状態だったと思います。よりよい仕事をこなすというプラス志向の方向しか見えていなかった。そうすることが『子どものため』と信じていました。今、授業すらまともにできなくなってただ学校では『いるだけ』のような、先生ともいえない人になってしまったけれど、うつになる前の自分より、うつになった後の自分の方がいい状態です。こういう人も生きていていいんだ、生徒にそう映ればそれでいいかな、と思う……」

真理子さんは、〈うつ〉になったいまの自分がもともとの自分だと思う、毎日忙しく働いていたときはそれが生きがいだと思っていたけれど、それが本来の自分だと思い込んで無理をしていたのだと思うと言った。〈うつ〉になる前の自分に戻って復職することは考えられないし、そうしたらもっと〈うつ〉がひどくなると思う。だからとても難しいことだけれど〈うつ〉のままの自分を大切にして復職したい、と言う。

〈うつ〉になってから彼女は日本の学校制度に従う忠実な教師であることをやめた。自分はもともとどのようなタイプの人間であったかが、身をもってわかったのだからもともと持って生まれた自分の気質や体質、性質に忠実に生きれば〈うつ〉になることはなかったと思うと言う。もともとの自分に合った人間として生きることが、これからの自分自身の生活基盤をつくるために重要だとわかったのである。

しかし、真理子さんの例からもわかるように、「自分はもともとどのような気質、体質、性質の人間なのか」を悟ることはそんなに簡単なことではない。今日では学校に限らずいろいろなところで「あなたの個性と適性を大切に」ということが声高にいわれる。だからついだれもが「私の個性と適性とはなんだろうか」考えてしまう。早いうちにそれをはっきりさせ、「個性、適性」だといわれることを職業とすることこそが大切という〈道〉が王道のようになっているのとは裏腹のように思われる。

2「いい授業」「いい先生」の真相

「そんなに悪くはないところ」

ここまで述べてきたように真理子さんは「いい授業」「いい先生」の実践に疑問を感じるようになった。その経緯と内容に私も共感する。「教師にとって授業は命」という言葉があるにしても、どうして教師は身体を壊してまで「いい授業」にこだわるのだろうか。この疑問は後ほど考えることにしたい。

ここではまず当の生徒はこのような教師の〈授業への思い〉や学校というものをどのように受け止めているのかを考えてみたい。私は2011年5月から7月にかけて「ひきこもり」をキーワードに、10代から30代の若者、248名にアンケート調査を行った［注1　以下「2011年ひきこもり調査」と記述。調査対象者は首都圏ならびに地方都市に住む大学生及び大学生以外の10代から30代の若者248名。男女それぞれ7：3の割合。「学校」に関する項目以外の調査結果は第4章以下で触れる］。調査内容には「学校」に関するいくつかの項目を盛り込んだ。それは主として「生徒（あるいは若者）は学校をどのように捉えているのか」という視点からの質問であるが、その単純集計結果を以下で紹介すると次のようである。

①　アンケートでは「学校とは行くべきところだと思うか、そうではないと思うか」を問うた。これに対する回答をみると「行くべきところ」「どちらかといえば行ったほうがよい」が合わせて93％、「行っても行かなくてもよい」は６％だった（グラフ１）。

②「学校」というところの印象を尋ね、５段階で答えてもらった。その結果「とてもよいところ」「どちらかといえばよいところ」が合わせて51％、「良くも悪くもないところ」が36％、「あまりいいところではない」「悪いという印象がある」は合わせて13％だった（グラフ２）。

③　質問内容の中で「学校」を形容するプラスイメージの単語５つ、マイナスイメージの単語５つ、計10語を左記のように示し、このなかから自分がぴったりくる単語を３つ選んでもらった。

「楽しい、ハッピー、生き生きする、心地よいところ、喜びが感じられる、見栄、ねたみ、いじめ、憎悪、陰険」

結果を見ると「楽しい（24％）」、続いて「喜び（14％）」「生き生き（13％）」「陰険（12％）」「見栄（10％）」で、プラスイメージの単語が６割以上を占めたた（グラフ３）」。

④「学校」という場はどのようなところと感じているか、左記のように10語を挙げ、自分に最もぴったり来るものを３つ選んでもらった。

「自立、正義、信頼、規律、健全、管理、規制、権力、従順、依存」

回答結果で最も多かったのは「規律（27％）」、以下「自立」「管理」（それぞれ16％）、「規制（14％）」であった（グラフ４）（なお、③、④の結果はひとり３語回答してもらった総数を分母として集計したものである）。

グラフ1

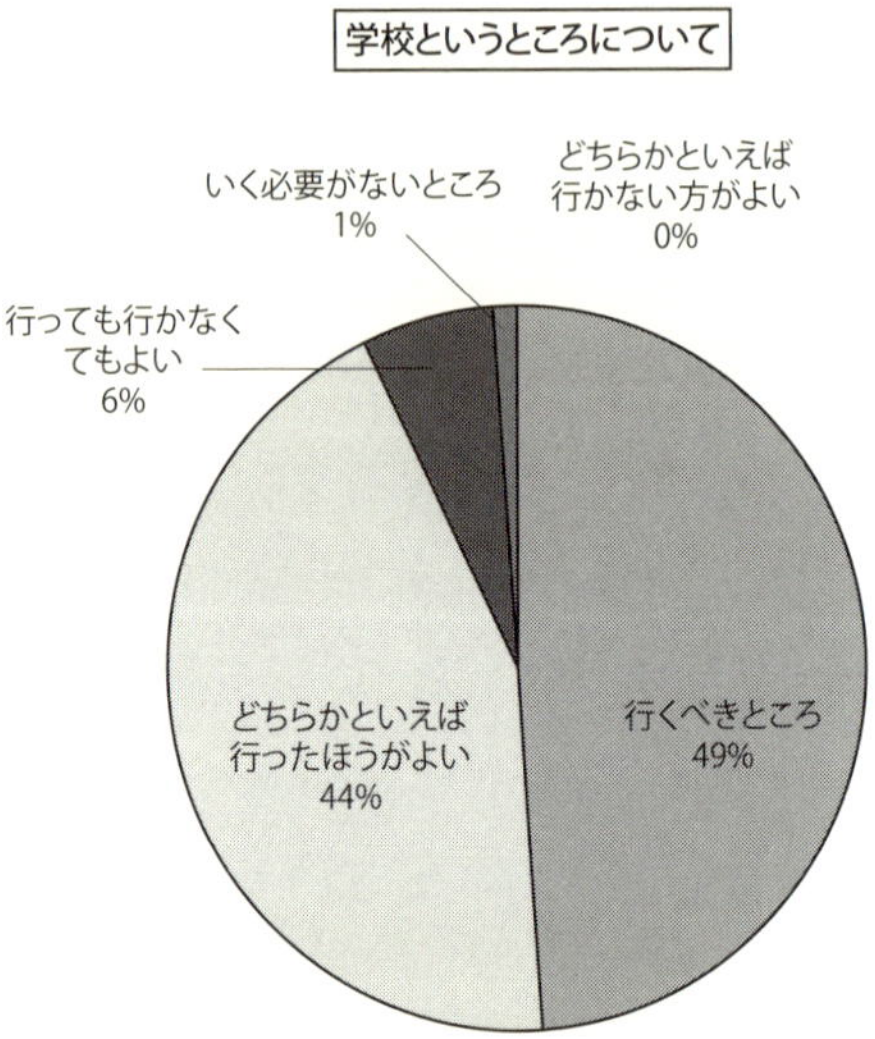
学校というところについて
いく必要がないところ
1%
どちらかといえば
行かない方がよい
0%
行っても行かなく
てもよい
6%
どちらかといえば
行ったほうがよい
44%
行くべきところ
49%

グラフ2

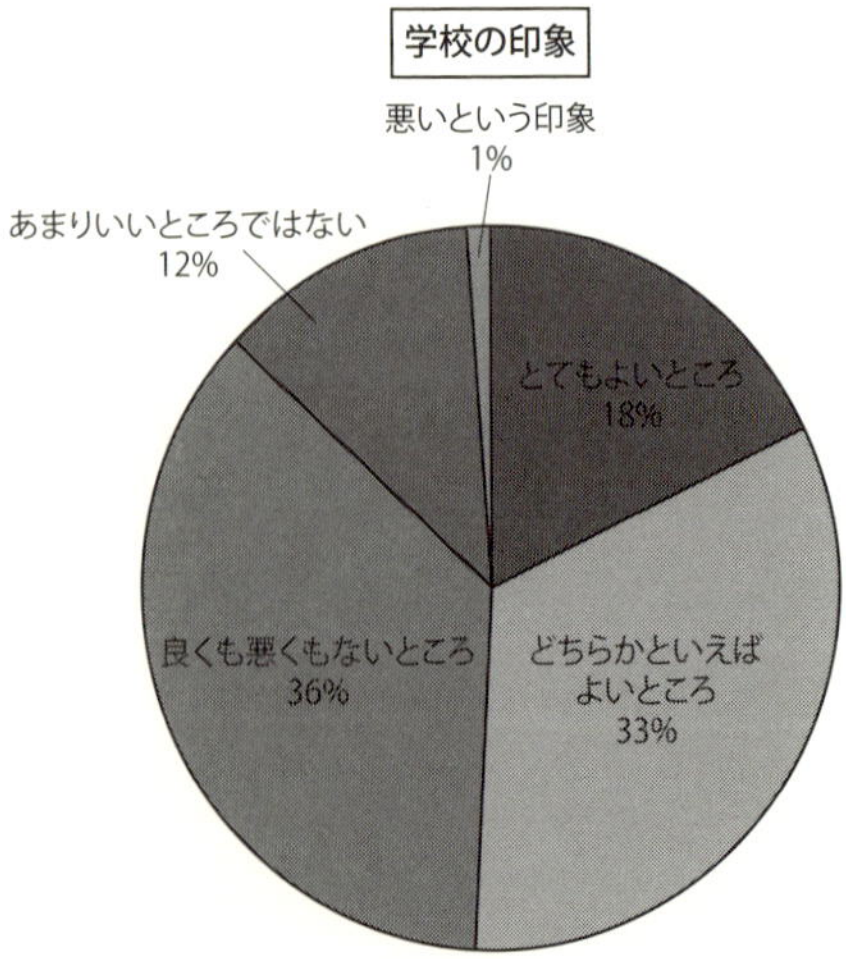
学校の印象
悪いという印象
1%
あまりいいところではない
12%
とてもよいところ
18%
良くも悪くもないところ
36%
どちらかといえば
よいところ
33%

グラフ３

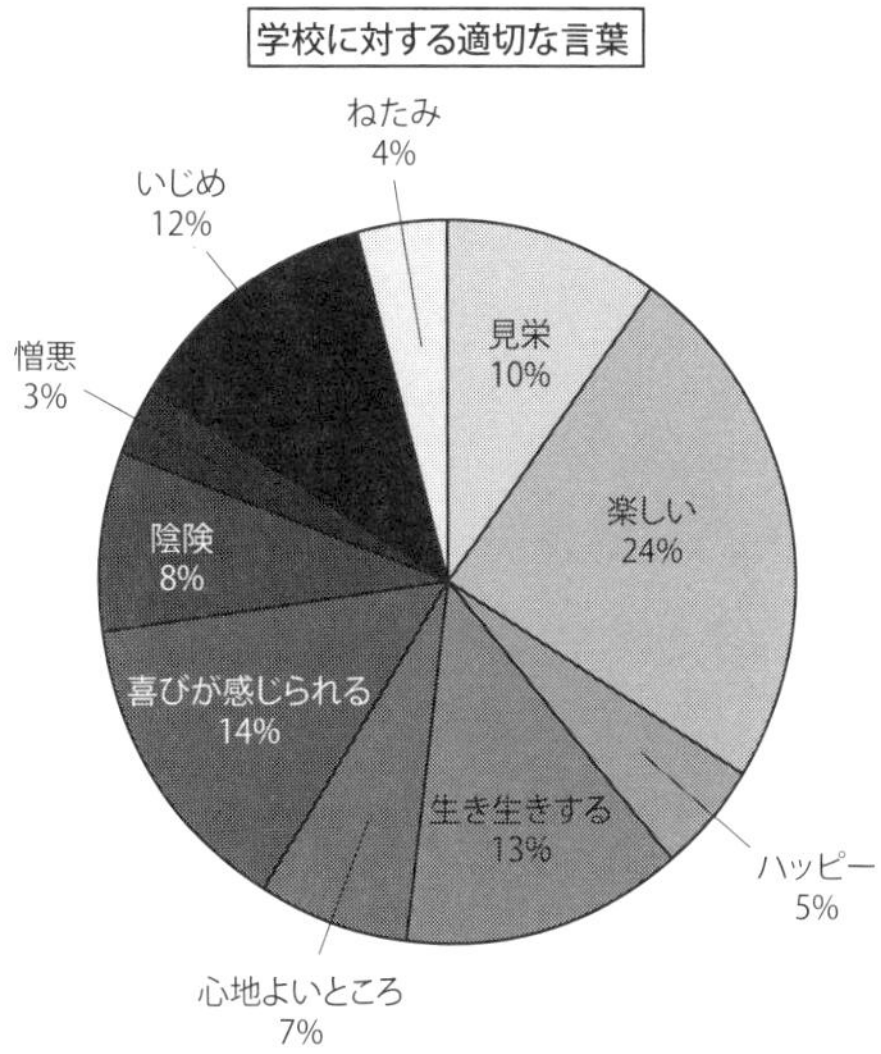
学校に対する適切な言葉
ねたみ
4%
見栄
10%
楽しい
24%
ハッピー
5%
生き生きする
13%
心地よいところ
7%
喜びが感じられる
14%
陰険
8%
憎悪
3%
いじめ
12%

グラフ４

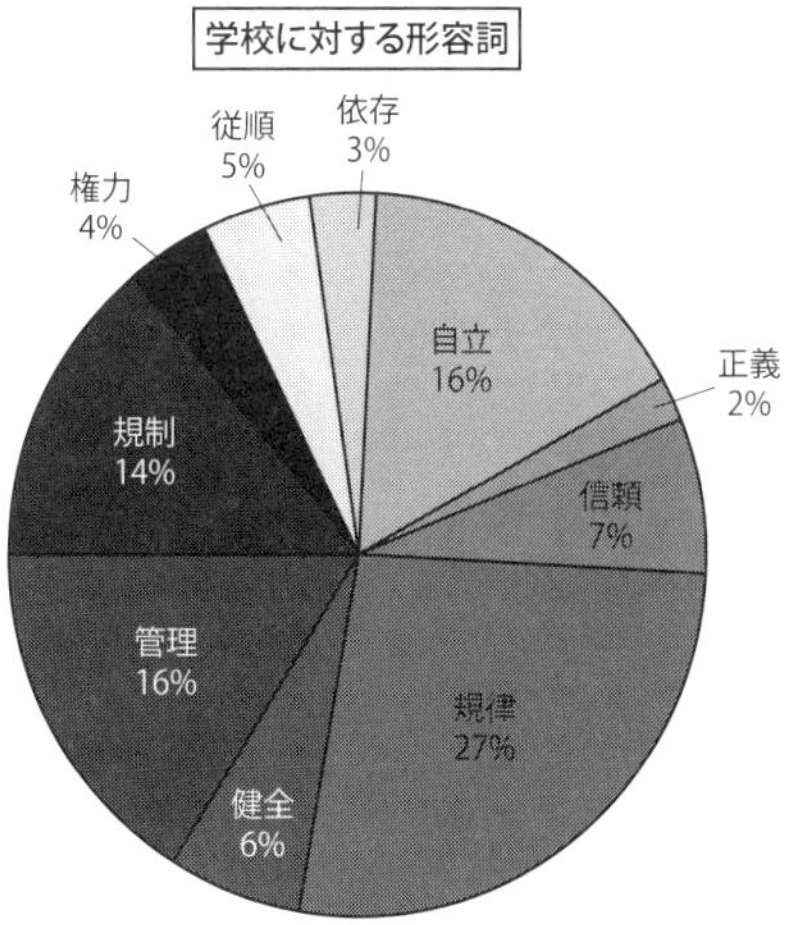
学校に対する形容詞
依存
3%
自立
16%
正義
2%
信頼
7%
規律
27%
健全
6%
管理
16%
規制
14%
権力
4%
従順
5%

表1

	記述された単語	単語数	記述した人数
マイナスイメージ	義務（9）、暇・眠い（6）、面倒（4）、強制（3）疲れる（3）、一人ぼっち（3）、建前（2）抑圧・押さえつけ（2）、集団圧力（2）、辛い（2）錯綜、従う、逃避、ベルトコンベアー、不自由責任転嫁、つまらない、拘束、ゆううつ、体裁流される、矯正、没個性、排他的、付和雷同無気力	28	53
ニュートラル	訓練（2）、集団・集団社会（2）、勉強と人間関係、機会、同世代の山、四角い建物、日本教職員組合、秩序、集合、施設、給食、社会の縮図、適応、習慣、早起き、自助、知識、つきあい	20	22
プラスイメージ	友だち・仲間（12）、学び（9）、成長（5）共生・共同（3）、好奇心（2）、自分探し、出会い、居場所、	10	34

⑤ ③、④で挙げた20語以外に「学校」と聞いて思い浮かぶ言葉を自由記入してもらった（記入しない者も半数いた）。その結果は「友達、仲間」、「学び」、「成長」などプラスイメージの言葉を挙げた者は延べ34人、「機会」「同世代の山」「集団」などニュートラル、あるいは無機的イメージの単語をあげた者は延べ22人、「義務」、「眠い、暇」「面倒」、「強制」などどちらかといえばマイナスイメージと取れる言葉を書いた者は53人だった（表1）。

⑥「学校の役割」はどのようなことだと思うかを7つの選択肢から選んでもらった。もっとも多かったのが「知識、技術を習得する場（34％）」で、次が「能力、個性を伸ばす場（21％）」「友達、仲間を作る場（19％）」であった（グラフ5）。

グラフ５

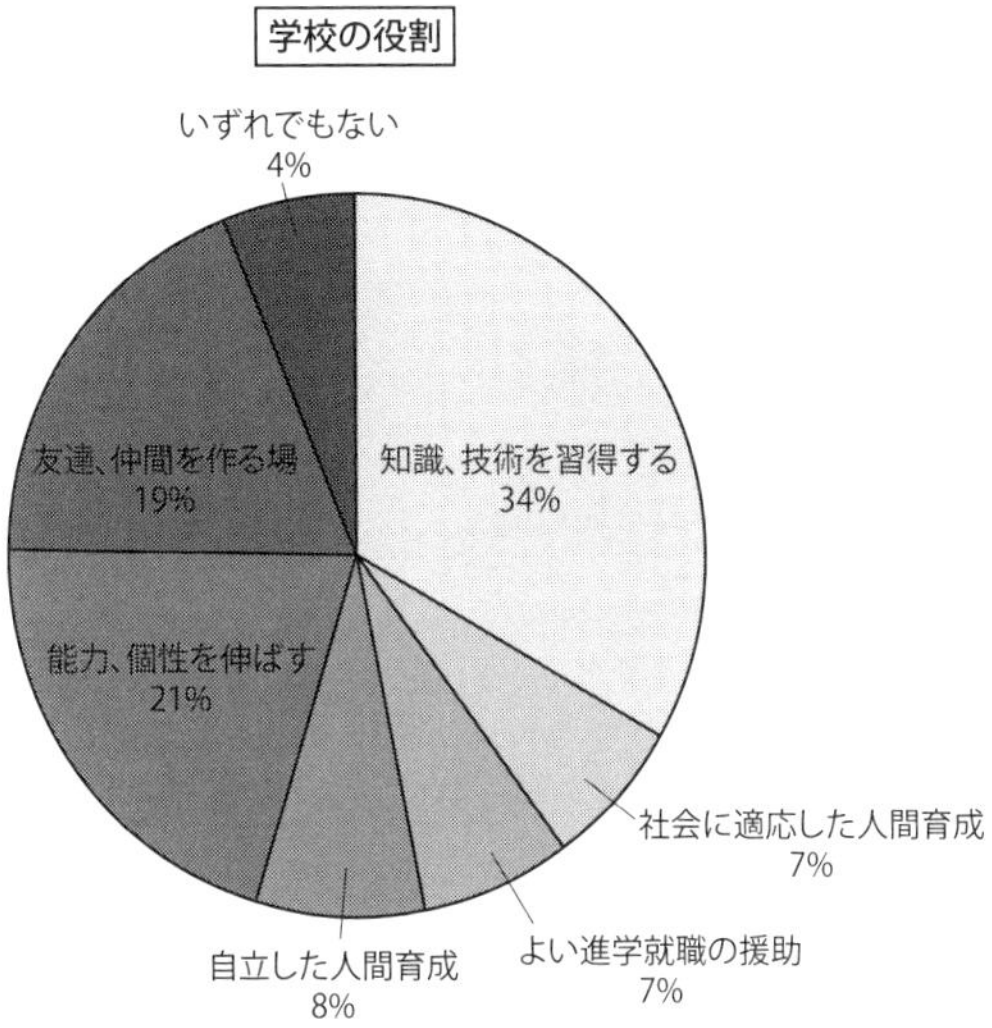

①、②の結果からわかることは、「学校は行くべきところ」「どちらかといえば行くべきところ」と回答した者が９割を超え、「学校はよいところ」「どちらかといえばよいところ」が半数を超えるというように、学校に対して好意的な思いを持つ者が多数を占めることだ。③の結果からは「楽しい」「喜び」「生き生きする」などプラスイメージの単語のほうが、「見栄」「ねたみ」「陰険」などマイナスイメージの単語より多いことがわかるが、ここでも学校に対する好意的な思いが伝わってくる。しかし、同じ結果③からは別の興味深い見方ができる。それは「学校という場」に対して抱く単語を、一人ひとりが10語のうちどのような３語を選択したかということだ。ここに着目して、

グラフ6

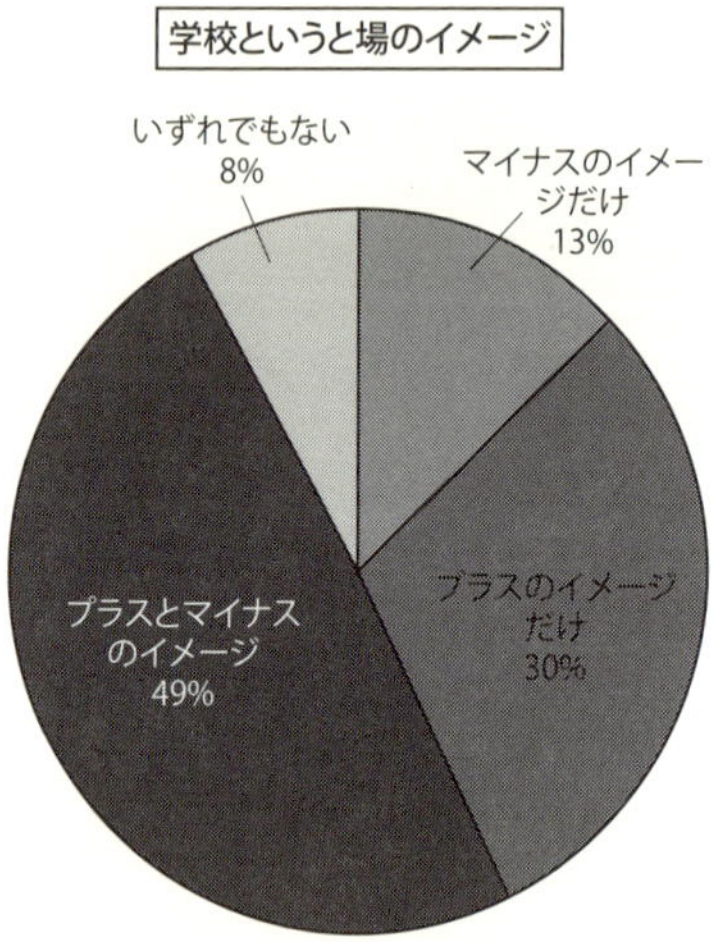

一枚ずつのアンケート用紙を繰ると「楽しい、ハッピー、生き生きする」というようにプラスイメージの単語のみを答えた者がいる一方で、「憎悪、いじめ、見栄」というようにマイナスイメージの単語のみを答えた者がいるのは当然であるが、「楽しい、喜び、陰険」あるいは「喜び、ねたみ、見栄」というようにプラスとマイナスの単語を同時に選択している者が多いのである。プラスの単語だけを選んだ者は30・6％、マイナスのみは12・9％に対して、プラスとマイナスをともに選んだ者は49・6％で、学校に対して単純ではない思いを抱える者の多いことがわかる（グラフ6）。

結果④では、「学校」のイメージとして「規律」「管理」「規制」あるいは「権力」「従順」「依存」などの単語を7割近い者があげており、これは「自立」「正義」などを回答した者の倍以上になる。学校の役割に関する結果⑥をみると、「知識、技術の習得の場」「能力、個性を伸ばす」と答えた者が合計55％で、学校を「学び」「能力や個性を伸ばす」場と認識している者は依然として多数である。

これらのことから、生徒（若者）の多くは学校とは「行った方がよいところ」「学びの場として機能している」「楽しいところ」という好意的思いを抱いているものの、同時に「いじめ」や「見栄」「陰険」などの思いを持つ者も多く、それでも「規律」は守らねばならず「管理」されても当たり前というように、アンビバレントかつ複雑で屈折した、時には鬱屈した思いを抱いているように思われる。この思いはどう受け止めたらよいのだろうか。

第1章でみたように80年代には「荒れる学校」という「教育の危機」があった。これに対して家父長的道徳による管理教育が行われ、その後新自由主義のもと公教育のスリム化や市場原理が導入されるなど学校は変容してきた。また90年代半ばになると、中学生の校外学習時間が減少し、「理科、数学嫌い」が増えるなど学習意欲の低下と「学びからの逃走」という現象が起きるようになる。「学びからの逃走」の背景にはそれまでは学校でつけた「基礎学力」が社会で通用し、多くの若者がそれだけで就労できていたものが、ポスト産業主義の社会になるとともに「基礎学力」だけでの就労が困難になったことがある〔注2　佐藤学、２００２、『「学び」から逃走する子どもたち』岩波ブックレットＮｏ．５２４〕。一方では加速する学歴や受験のための競争の教育も疑問視されるようになった〔注3　佐藤学、２００２、『学力を問い直す——学びのカリキュラムへ』岩波ブックレットＮｏ．５４８〕。このように学校の実態、その役割は変化している。にもかかわらず、アンケート結果から生徒（若者）は学校に一定の好感を抱いているわけで、学校の実態、実像と生徒の意識との間にはズレや齟齬があると思われる。

井出草平は日本の生徒(若者)の多くは人生のすべてが「学校」で完結し、学校の「外部」が存在しないことが閉塞感を生みだしていると述べ、ある者は「外部」を持たず学校の中で窒息しているのに、「外部不在」はさらに悪化していると指摘している〔注4 井出草平、2010、『ひきこもりの社会学』世界思想社〕。つまり、生徒(若者)の多くは学校以外の世界は、塾や習い事を除けばせいぜい家庭とアルバイト先くらいしかなく、友だちも学校に行かないと得られない状態になっている。だからどのような「管理」や「規律」があったとしても、また勉強することに興味関心がわかないとしても、「学校」以外に行くべきところが見当たらず、ここ以外に「知識、技術」を身につけ、友達や仲間を獲得する場がない、だから学校を受け入れざるを得ないという事情があるということだ。学校以外の世界のほうが大きいこと、ましてやそれがどのくらい大きく、どんなに面白いかが想像できないため、いやなことおかしなことと思いつつ妙な規律や規則に従い「管理」されることを受け入れざるを得ない。教師や学校という「権力」に逆らうことは考えない。こういった諸事情からともかくも学校とは「そんなに悪いところではない」「楽しいところ」と捉えるような心性が造られていくのではないか。

もう一つ、「学校」に関する単語で自由回答してもらった結果⑤で興味深いことがわかる。それは「義務」「集団圧力」「暇、眠い」「押さえつけ」「強制」「面倒」「疲れる」などマイナスイメージの単語をあげた者が、「友達、仲間」「成長」「学び」などプラスイメージよりも多いことだ。「同世代の山」「四角い建物」「集団」「施設」というような無機的ともいえる単語も多くあげられている。さらにあげられた単語を総じてみると、マイナスイメージあるいは無機的表現に関する単語は48語に上り、学校の持つさまざまな側面を抉り出すかの感があるのに、プラスイメージの単語はたった10語しかない。生徒の多くは「外部」を知らないから「楽しい」と感じることは実際あるにしても、同時に学校が生まれながら持っている抑圧的、暴力的装置という側面もまた熟知し感知しているのではないか。彼らにとって学校は何よりも友達が得られる場として大切だ。けれども中身が空疎な学校文化のなかでは友達を得る「楽しさ」を表現するボキャヴォラリーは、残念ながら貧困にならざるを得ないのかもしれない。

さらに着目したいのは、ここであげられた単語の総数は60近い。にもかかわらず、そのなかに「勉強」「学び」はあるのに、「先生」「教師」「授業」という単語がまったく見当たらなかった点である。つまり、生徒（若者）たちにとって学校はそんなに悪いところではない、「勉強」するところだし「学び」もある、でもどのような授業を受けたか、それを担当する教師はどのような人で、どのような苦労をしているのかということへの興味関心はほとんどない、教師にとっては悲しいことだが生徒たちの視線はそういう方向には向けられていないのである。

佐藤学は先に挙げた著書で「学びからの逃走」と同時に生徒には「何を学んでも無駄」「どうせ人生は変わりっこない」「学ぶことの意味がわからない」「世の中がどうなろうと自分の知ったことではない」というニヒリズム、シニシズムが生まれていると指摘している〔注５　注２に同じ〕。この指摘はアンケート結果で「授業」「先生」という単語が出てこないことと重なるように思われる。結局多くの教師が「いい授業」「いい先生」を大事だと考えるのに対して、生徒でこのことを重要視している者はほとんどいないことから、両者の間には相当大きな意識の落差のあることを認めなければならない。

やりがいの搾取

２０００年代に入って学校や教員を取り巻く環境が厳しさを増し、「いい先生」「いい授業」にはさらなる変化が生じた。教員の人事評価が始まり、授業評価を教師自身のほか管理職や生徒も行うようになった。あるいは7年に一度の教員免許の更新制度、毎年の授業計画シラバス（授業の計画や内容の概略を示したもの）の作成、教員の研修権の縮小、ノートパソコンがひとり一台貸与されこれによって事務処理のすべてを行うようにすることなどなど、教師に対する管理、評価が強まった。生徒の数の減少によって、学校が生徒を選ぶ状況から、学校が生徒に選ばれるようになったという側面もあるだろう。

これまでは生徒の意思とかかわりなく「教師としてこのことを生徒に伝えたい」という思いを優先させて、教師主導のユニークな授業が一定程度成立した。ところが教員が管理職ばかりでなく、生徒にも評価されるようになると必ずしも教師主導の授業というわけには行かなくなる。さらに生徒の何割かが「何を学んでも無駄」と感じている学校だとしたら、まじめな教師ほど「何とかして生徒をひきつけるために面白い内容にしたい」「生徒が楽しめた、ためになったと言ってくれるような内容にしたい」と思い、そういった方向で努力するようになる。要するに教師主導の授業内容から、生徒のニーズに合わせた授業内容にシフトしがちになる。ことによると生徒を楽しませるために、そのことを学ぶことと学力をつけることとは関係がなく、社会で生きていくこととも関係のない、授業仕立てにする必要もない趣味のようなレジャーのような、エンターテインメント的内容をあえて授業にすることもあるかもしれない。高校では芸術科や家庭科のようにあまり受験と関係のない教科は、教師の創意工夫による「いい授業」が求められ、受験教科は学歴競争、受験競争に勝ち抜くために詰め込みとテスト漬けを伴った「得点アップの授業」が求められる。このニーズにうまくこたえることが「楽しい授業、いい授業」であり、それによって「いい先生」という評価を得るようになっていく。

このようにして2000年代に入って教員の管理体制が強まったが、教員のほとんどは管理体制を跳ね除け、教師の自主性を取り戻す方向に向かわず、この体制の中でうまくやっていく方向を選ばざるを得なくなった。きつい教員管理の中で生き抜くにはどうしたらよいだろうか。大事なのは教師として高い資質を持っていると評価されることだ。評価するのは学校管理職であり、生徒であって、評価の対象となるものは何といっても授業である。つまり「心に残るいい授業、楽しい授業」「得点アップにつながる授業」をすることによって「いい先生」という評価を得ることである。「いい先生」という評価を得ることによって、教師は「やりがいのある仕事ができた」という達成感を持つことができる。こうして「いい授業」→「よい評価」→「やりがいを感じる」というサイクルが出来上がる。

このサイクルは「やりがい」を搾取するような残酷な側面を持っている。

多くの生徒にとってそれをまじめに学んだとしても、必ずしも社会（就労など）に結びつくものではない、そういう時代になった。だから授業は生徒にとっては軽い存在になっている。先のアンケートによれば、生徒の多くは授業を「義務」「面白くない」「眠い」「疲れる」「建前」などというように捉えていたことからもそれが伺える。これとは逆に教師にとっての授業は「高い評価」「やりがい」

「教員としての資質」につながる〈命〉といってよいもので、捉え方がまるきり異なっている。まじめで熱心な教師ほど「いい授業」をしようと一生懸命になる。が、現在の授業は教師の思惑通りに独自性、独創性が生かされるわけではない。なぜなら、管理体制によって国や教育行政が望む〈生徒〉を造りだすように、国が望む〈教師〉になるように必然的に仕組まれているからである。したがって教員の熱心な指導はそういった国の要請に応える〈労働力〉として搾取されざるを得ないのである。教師は「よい評価」を得るためにこのサイクルにはめ込まれ、日々これを回すことが重要な仕事だと思うようになる。いったんサイクルができると毎日これを回さなければ「いい先生」の評価は得られないから、そのウズから逃げにくくなる。真理子さんもこのサイクルにはまってしまい、速度もどんどん速くなってしまった。そして気がつかないうちに心身が疲弊し、〈うつ〉になることによってようやくその回転を止めることができたのである。

生徒はそれを見抜いている

「やりがいのサイクル」にはまっていたころの真理子さんはふっくらした体型だったが、休職と復職を繰り返すうちに、頬は落ち込み顔の輪郭がくっきりし、精悍な面持ちに変貌していき、それとともに「授業」「先生」に対する思いも変わっていった。

「うつは一度発症すると完治は難しいものです。休職して少しよくなったとしても、結局同じ環境に戻ることになるから（野戦病院で手当を受けてまた戦場に行く兵士みたいにね）、前と同じように一生懸命にならないよう気をつけるとしても、うつのスイッチが入りやすい回路ができてしまうから再発する確率は高いのです。スイッチが入る原因は何といっても人間関係。学校では自分の考えを持つことが大事としながら、そういう行動をとる人間（先生）を封殺するのが基本ルールになっています。だから、結局強者、多数派に調子を合わせなければいけなくなって、そのことをストレスと感じる人は、人間関係で摩擦が起きてしまうわけです」

何回かの休職の末、真理子さんは「いい授業」「いい先生」でなくてもいいと思うようになった、そう語った。「ものすごいサイクルで回っていたころの自分は、もう今の自分とは違う人間です」とも言った。創意工夫をという言葉につられて「やりがいの搾取」にはまっていたことに気がついたというのだ。このことに気がついてからというもの、これまでとは別の「眼」を持つようになった気がする、そういう眼で見ると生徒たちが別の様相に映るというのだ。

生徒は「いい授業」をする先生に義務感を持って付き合ってくれる。でも「命の大切さを実感しよう」とか「友だちの心理を理解しよう」などなど意味のある授業というものに対して、どこかしらしらけ、熱意をもって取り組めない生徒が確かに増えている。ただただポテトチップスを揚げるというような意味のない授業をむしろ楽しむのだ（そういう授業をする先生に好感を持つのだ）。

彼らは「この授業はあなたのため」といわれながら、実はその裏にある思惑を察知しているからだというのである。「いい授業」に引き込まれていくことは社会や学校でうまくやっていくこと、学校のきまりや規則にきちんと従うことであり、学校とはそういう場になっていることを見抜いているからだ。これが学校の持つ道理というもので、これに従えば学校でラクにやり過ごすことができるし、「いい大学」への道も開かれる。でも、この道理を無意識にでも受け入れたくない、そうやっていくら道理を組み立ててみてもそれに対して従順になれない意識というものがある。「子どものため」といいつつ実は社会でうまくやっていく人間を育てているだけではないか、「いい授業」に適合していくことで自分らしさが失われるのではないか、〈自分っていったいなんだろう〉という心の底のほうから声が聞こえてくる、だからどうも納得できない、道理というのはなんだか利害打算のようで怪しい、そういう思いを何割かの生徒は確実に感じ始めていると真理子さんはいうのである。何らかの違和感を持つ生徒は脱力感に見舞われたり、今から老後の心配をしたり、日がな一日お茶を飲んで日向ぼっこをしていたいといったりする……、とも。

このような生徒の割合を彼女は「3割」と、その根拠を示さずに断定する。3割という数字はともかくとして、私は〈うつ〉を経験した真理子さんが生徒を見る〈眼〉は、それまでとは異なる視界を獲得したと思う。その広がった視界が、これまでも存在していたはずなのに捉えることができなかった、そういう生徒の思いや〈心の底〉をキャッチできるようになったのではないかと考えている。

3　〈理想のタイプ〉に合わせられない

「質の高い学び」とは何か

佐藤学は「基礎学力」で就労できる単純労働の崩壊によって、若者の労働市場は崩壊状態になったと指摘する。ならばどのようにしたらよいのか。佐藤によれば、子どもたちはポスト産業主義社会

〈知識社会〉を生きることになる、したがって知識の高度化と複合化に対応できる質の高い学びを実現する教育が必要だと説く〔注６　注３に同じ〕。それでは「質の高い学びを実現する教育」とはどのような教育だろうか。

昨今の学校は理念や目標に、「早くから自分の将来を真剣に考え、それを妥協せずに確実なステップで目標を実現していく、高度情報化、消費社会の嵐の中でうまく生きられる人間を育てる」ことを謳うところが多く、これから推測すると「質の高い学び」とは競争社会で勝ち抜く人をイメージし、現代社会に適合する従順なよき働き手を育てること、もう少しいうなら経済効果があげられる（賃金をより多くかせぐ）人間、与えられた仕事の達成度も意欲も高い人間を育てるというように解釈される。

一般に社会にうまく適合できる人間は〈勝ち組〉といわれる。美馬は「ストレスに強い人間」が「優れた人間」とされるようになったとして、「タイプA性格」なる概念について述べている〔注７　美馬達哉、２００７、『〈病〉のスペクタクル　生権力の政治学』人文書院〕。美馬によれば「ストレスに強い人間」とは、優れたストレス対処能力を持つ人々で、目標を達成したいという強い熱望を持ち、精神的、身体的覚醒度が高い、健康で前向きで合理的な考え方を持つ人だ。言い換えるなら自分をだめ人間などとは思わない、他人への思いやりよりもまず「私が」というように他に抜きん出ようとする意欲、トラブルは自力で解決できる自主性独立心がある、などの素養を備えた人である。「タイプA性格」とは社会にうまく対応できる「勝ち組」といえる。

このようなタイプは資本としての能力が高く、経済効果を上げられる人、テクノロジーの進化とスピードアップに対応し、対人関係もスムーズな人だ。また、主体的個人として自分で物事を決断し、その行為に責任を負うことができる人間でもある。就活においては自己PRを始め、コミュニケーションやプレゼンテーションがうまい。就労後は優れたアイディアを出し、創造的仕事をバリバリこなすことができ、国をはじめ世の中や会社での支持率が高い人である。

これらの条件を総合すると、「タイプA性格」とは教育を受けるチャンスに恵まれ、「いい大学、いい就職」をクリアし、結婚し、家族形成するというような従来型のライフコースを踏み外すことなく進み、上司がいて雇用されるという都市在住の中流雇用労働者であるというように、かなりハードルが高い条件を兼ね備えた人である。２０００年代以降急速に高まった教員の人事考課をみると、教員は「タイプA性格」であることが求められ、生徒もこのカテゴリーに属するのを目標に指導する、という図式が浮かんでくる。「よい大学、よい就職」路線はいまなお堅固だし、生徒にしてみればいったん就職戦線を踏み外すと這い上がるのに相当なエネルギーがいる。だからフリーターになることは避けたいと思う。そういう若者にとって「タイプA性格」を〈理想のタイプ〉として目指すことは重要になる。

しかし、美馬は「タイプA性格」を肯定する立場からこれを提示しているわけではない。皮肉なことにストレスに強い人間ほどストレスの高い環境にいる可能性が高いため、精神的、身体的トラブルに見舞われがちで、医療のお世話になる可能性、つまり失敗や疾病のリスクも高いという研究のあることを美馬は紹介している。このことから「タイプA性格」という概念は、社会的文脈の中で構築されるものだと述べている［注８　注７に同じ］。つまり「質の高い学び」が「タイプA性格の育成」に変換され、若者が今後生きていくうえで「タイプA性格」になることは〈理想的〉なことである、そうでなければ社会で適合してうまくやっていくことはできない、そういう社会的文脈がつくられているといえる。

若者には多様な仕事とそれを選ぶ多様なチャンスがあるといわれる。けれども「基礎学力」で就労できる仕事を壊滅的なほどなくしておいて、その上で先進的テクノロジーを使いこなし、優れたアイディアと行動力がなければ達成できないような特殊な労働環境にすべての生徒が適応すべきだとして、そちらの方向に追い込んでいく、いつしかそういうほうに教育が進んでいる、このことにそもそも無理があるといわなければならない。

学校に屈したくない人たち

学校、教師が生徒（若者）に語りかける常套句がある。

「これからの社会によりよく適合できるよう心がけなさい。このことを学べば、社会に出て役に立ちますからね。そうすることは結局あなたのためになるのですよ」

このような台詞は今に限らず学校ではずっと言われてきた。それが加速しただけかもしれない。教師も生徒も疑うことなくこれに従うことが人生にとってもっとも大事なことだと信じてきたし、教師の方はそのように指導せざるを得ない、いやその通り指導できる教師ほど優秀だとされてきた。この指導はあからさまにいうなら、労働市場において自分（生徒）の能力をできるだけ高く評価してもらい、高い賃金で買ってもらうようになることである。そして自分の「能力」に見合った賃金を得ることで人間としての尊厳が得られる、そういう秩序に組み込まれることへの恭順である。あるいは近代合理主義の世の中にがんばってついていくことへの同意とも言える。その同意には自分の「能力」や労働力が社会において商品に過ぎないという暗黙の了解事項も含まれているのだが……。

「いまの日本は集団で一時の気まぐれではなく、ある年月の間に同じような思想にみんなが傾いていく」と加賀乙彦は指摘する〔注9　大江健三郎ほか、2007、『21世紀ドストエフスキーがやってくる』集英社〕。その同じような思想をみんなが信じなければいけないかのような社会の波というものがある。この波は生徒たちの持っている多様で複雑なもののなかから一定のものだけを「よし」とし、それ以外のものを邪魔なもの、秩序を乱すものとして捨象する方向に向かっている。捨象される対象には陰気、ねたみ、見栄っ張り、愚かで無邪気、怒りっぽい、体裁をとりたがる、小心、滑稽、虚栄、傲慢、いじける、ふてぶてしい、図々しい、臆病、あつかましいなどなどといった性格のほか、人の言うなりになったり妙に占いを信じたり、なれなれしかったり、お世辞を言う……というような気質が含まれる。これらは社会に適合し〈理想のタイプ〉になるには邪魔でマイナスの存在とみなされ、学校から丁重に排除、抑圧されている。だから、学校で見る生徒というものの性格は鋳型にはめられたように一定の刺激に対して一定の反応をするようになる。

が、物事には裏表があり、強弱があり、高低があるように人の持つエネルギーもプラスだけではなく、マイナスのエネルギーというものがあるはずだ。プラスだけを「よし」とし、マイナスを消し去ることは世の中のバランス、平衡を欠き、豊かさの奥行きのないきつくてタイトな社会になるように思われる。そういう拮抗の法則が働いているからだろうか。「あなたのためといいつつ、ほんとうは社会や国に役立つ人間育成の場が学校なのではないか」と感じ、社会に適合せよという言葉に違和感や嫌悪感さえ覚える生徒がここ数年来増えている、真理子さんによれば確実に「3割いる」というのだ。そのような生徒たちは「意味のある授業」「いい授業」に熱意を抱かなくなった。そればかりでなく「努力すれば報われる」と説く先生をどこかで信用していないというのだ。

彼らは授業があたかも社会適合のトレーニングのようで息苦しさを感じるらしい。そういう傾向が強まる学校でうまくやっていけない、そこでのシステムを受け入れがたい、あるいは素直に従うことができない、それらに自分を合わせていくことが難しいと感じているという。そういう自分を見出して、そのような自分をあるときは責めている。また、彼らは人生の生活基盤を自分の力で切り開いていく能力があるにしても、それが現実的にできないことに無力感を感じ、卑屈でむなしい気分に陥ることすらある。そういった生徒のほとんどは大それた「夢」を持っているわけではなく、つつましくそこそこの人生が送れたらいいと思っていたりする。自分に厳格であるとか、強い意志があるとか、主体的自己というものを持っているのではなく、むしろほんのささやかなことに感動したり喜びを感じたりするのだ。

このような性格を持つ者は思うように経済効果を挙げられない、いまの社会のうねりに乗ることができないことから「タイプA性格」とは反対に位置する人たちといえるだろう。「タイプA性格」がプラス方向にベクトルが向いているとしたら、このような気質、体質の人たちは後ろ向きのエネルギーを持ち、負の方向にベクトルが向いている人たちといってよいのかもしれない。このような気質や体質というものを生徒が持っている（真理子さんによれば確実に3割の生徒が）状況というのは、もしかしたらずっと以前からそうだったのかもしれない。しかし、真理子さんは〈うつ〉の経験を経て7年ほど過ぎたころそう感じるようになったという。教師として〈理想のタイプ〉を想定し、授業をしていたころはそういった生徒がいたとしても彼らの〈心の底〉を見通す〈眼〉を持ち得なかった、「見れども見えず」だったのではないだろうか。

ここで重要なことは、「3割いる」という生徒たちの存在には一定の系譜があるのではないかということだ。第1章で「自分にはやりたいことがあるはず」「能力を開発し発揮したい」という思いを抱かなかった生徒、学校に馴染むことをしなかった生徒たちがいたことを思い起こしたい。それは「就職コース」少女たちであった。つまり「就職コース」少女たちの延長線上には「タイプA性格」を〈理想〉としない、むしろその反対側を向いている「3割」の生徒がいると思われる。そして、そのさらに延長線上に本書のテーマである「ひきこもり」の若者がいると考えられるのである。

第3章 元ひきこもりの〈少年〉たちと出会う

1 〈少年〉たちは語りたい

「世の中がガチガチな感じがする」

２００９年が明けてしばらく過ぎたある日、私は友人の誘いである学習会に出かけた。2月はじめの寒い午後だった。学習会の参加者は予想よりずっと少なく、明るくこぎれいではあるがさほど広くない会場はがらんとした空気が漂っていた。友人は会の司会を務めていたので、私は並べられた机のかなり隅に席を取った。私の隣には20代後半と思しき二人連れの男性が座っていた。ひとりは髪を短く刈り込んでいて、頬もあごも鼻もしっかりとした輪郭をもった骨ばった顔立ちの若者で、もうひとりは色白で端正な顔に黒縁のめがねをかけた若者だった。ベーシック・インカムについて学ぶという趣旨のこの会は、誰が参加してもよいことになっていたから、若者がこの問題に関心を寄せるのは至極当然のことと思われた。

2時間あまりの会は中間で休憩があったのだが、そのとき髪の短い方の若者が私に話しかけてきた。というよりも話の内容について質問してきたのだった。ベーシック・インカムについてかじりたてだった私は回答はしどろもどろで、それでも何とか説明した。すると彼は急に「ベーシック・インカムが導入されて生活が保障されたら、世の中、今よりも本当によくなるのですかねえ」とつぶやくようにささやくように言った。その台詞に私はからだのどこかをつつかれたような痛さを感じて、「どうしてそう思うのですか?」と彼の顔をまじまじと見ながら思わず問いただすように聞いた。彼はちょっと間を置いてから「俺たちはふたりとも別々の職場だけれどアルバイトで働いているんですよ」と自己紹介したあと、まるで用意していた意見であるかのように話しを始めた。

「今、世の中がすごくガチガチな感じがして仕方がないんです。一日働いて、生きていても〝楽しい〟という感じがしない。いろんなところに行けば楽しいこともあるのはわかるけれど、お金がないから外に出かけられないです。日本の場合外に出たらお金を使うようにできているし、レジャーに限らずお金がないと外ではやっていけないですからね。それにしても、将来のためにお金は貯めなければいけないものなのでしょうか。それはお金は貯めた方がいいに決まっているとは思いますが、僕なんかだとそんなに貯まるはずないんですよ。年金の保険料だってままならないんですから（それに、近々地球はつぶれるかもしれない、そんな予測がありますよね）。老後なんて遠い将来のことは考えられないし、考えたくない。本当に60過ぎまで生きていられるのか、生きていないんじゃないかと思う気持ちのほうが強いですからね。

今、若者は消費意欲が低い、モノを買わないといわれていますが、実際1円でも安いものを買うし、食事だって切り詰めているんです。だけど、所得だけが、経済力がないということだけがそれが最大の問題なんだろうかと思うのです。若者に対する経済的支援が手薄なことは確かですが、労働の場があって、賃金が高くなればこの閉塞感はなくなるのだろうかって思います。今の僕といえば親元で生活してますから、父親が亡くなったとき自分の力だけで生きていけるのか、いや生きていけないですね。そういう自分に対する不安感というのがあります……」

彼はじっと下を見たままそこでふっと上体を起こして息を継いだ。このとき短い休憩時間が終わり、後半の話し合いが始まろうとしていたので、彼は語るのを中断した。後半の時間が過ぎて集まっていた人たちが三々五々散っていくなかで、彼はちょっと身を乗り出して再び語り始めた。聞き手は私ともう一人の若者だった。

「今、世の中には閉塞感があります。テクノロジーに閉塞感を感じます。だからテクノロジーに抵抗したいと考えてます。社会に閉塞感があるというのは、社会が持続不可能になっているということではないですか。世の中って、法律が持っている悪法的な面で強制的に決められていくように感じます。『悪法も法である』といわれ、これが言葉通りに公然とまかり通っています。派遣法は雇用の間口を広げた、でもそれによってモラルは低下してしまったではないですか。こういうことがこの閉塞感の原因であると思うから、悪法であればその法律を破る、破ってしまうというのに僕は共感します。近頃盛んに派遣切りが行われていますよね。こういう事態になってから〝セーフティネットをつくれ〟というけれど、こういうことが起きる前につくるべきでしょう。

そうは言っても、僕だって人から評価されたいです。自分が尊敬する人に認められたいです。もっと意欲を持ちたい、今のこの社会に抵抗したいとも思います。でも意欲は持てないし、抵抗もできない。自分はそういう人間なんですよ。何かを変えたいと思っているけれども、行動を起こすだけの精神状態にない、精神が持ちこたえられないと思うんです。社会に向かって何か行動を起こせるという自信がもてないんです。

それにしても人が人を差別するのは仕方がない面もあるように思います。差別されているのを恨むのではなくて、僕はこの閉塞感を解消する方が優先度が高いと思います。今のままでは日本はつぶれちゃうのではないか、そういう危機感すらあるんです……」

「とりえがない人はどこで働けばいいのですか」

色白の黒縁眼鏡の若者は、連れの友人の静かな怒りと無性に辛い不安感とを共有するかのようにじっと話しに聞き入り時折相槌を打っていたが、続いて彼も口を開いた。

「僕はひところパソコン教室のインストラクターをしていたのですが、それも今は徐々に需要が減っていてときどき仕事があるくらいなので、本業はスーパーの店員です。スーパーやコンビニの店員のほうが簡単だろうといわれますが、特にコンビニの仕事内容は、注文を取る端末やレジが高度化してきて複雑化する一方に思えます。情報機器の扱いが苦手な人から見れば、世の中、わからない機械や仕組みが溢れているように映るんじゃないですか。消費者として生活するだけでも戸惑うことがあるというのに、それが仕事となるともはやデスクワークに限らず接客業でも情報機器の操作は必須になっています。機器の扱い方の場面でも効率化と称してスピードが求められる職場が多いです。そういうことだから、例えアルバイトでもある程度のスキルが要求されるものが多く、それに適応できずに仕事を得られない人がいる、そう思うんです。僕みたいに多少の技術を持っていてもなお就職が難しいなか、特にとりえがないといわれるような人はいったいどこで働けばいいのでしょうか。

20代以下の人たちのなかには確かに情報機器の扱いに長けている人は多いです。でも、洪水のような情報の中から必要なものだけを取り出して、不要なものからは距離を置く、そういうスキルを身に付けている人はそれほど多いとは思えません。だから、若い人のなかにはあまり意味のない情報を必要なものだと思い込んで、そのことで多くの時間と労力を食いつぶされてしまう、そうして有意義な行動がとりにくくなっている、そういう感じもすごくします。ネット中毒、ネットゲーム中毒と呼ばれる状況がその典型なんですけれどね。僕もひところそれにはまっていた時期があったから、今だって十分自制できるという自信はないのです。ネット中毒というのはパソコンなどの機器やインターネットを不自由なく使えるという条件のもとで起きる落とし穴なんです。この状況に陥らないためには、生活や行動を管理するための意思の力、賢さが必要なのだと思うけれど、職場などでは機器を使いこなしてそれで仕事ができればいいということばかりがいわれていて、それに飲み込まれない精神力やバランス感覚のことはほとんど取りざたされていません。だからやっぱり閉塞感は感じます」

学習会という不特定多数が集う〈明るい〉場所で隣り合わせた「おばさん」に、湧き出るようにこうして〈少年〉のように話し出す若者に戸惑いつつも、今の日本社会のなかでアルバイトというマージナルな立場から社会のまずさを鋭く観察し指摘するふたりの話に私はすっかり感心し、引き込まれてしまった。雇用労働について、社会の閉塞感について、自分自身の不安感について、情報化する社会が棄てようとしているあれこれについてのそのどれをとっても、例えば私のような年配者は若いときに決して直面しなかった、したがって抱くことのなかった難問である。われわれ年配者は幸運なことにそれら難問の波がやってくる波打ち際をパシャパシャやるくらいで波から逃れ、安全地帯に非難してのうのうとする既得権を得てしまった。しかし、20代の彼らは当然のことながらすっかり波に飲み込まれ、翻弄されざるを得ない、その困難な状況を誰かに語りたい、聞いてほしいという息遣いを感じないわけにはいかなかった。

二人との会話は友人に促されたことでおしまいになったが、私の中で強烈な印象を残した。と同時に心の中で「アッ」と叫んだのだった。このことがあったころ、私は元ひきこもりの若者を支援するNPO法人ニュースタート〔注1　ひきこもりの若者支援の草分け的存在。2008年、厚労省の委託事業の「いちかわ若者サポートステーション」を開設。千葉県浦安市に事務所がある〕（以下NSと記述する）とかかわり始めたばかりだった。今出会ったふたりの若者というのが、NSで出会った幾人かの元ひきこもりの若者と二重写しになったからである。東京都が行った『ひきこもり実態調査』〔注2　東京都、平成20年度、『ひきこもり実態調査　ひきこもる若者と家族の悩み』〕というのがある。この分析を行った精神科医の吉川武彦は、その作業の中で次のようなことがわかったとして興味深いコメントを述べている。

「一般群のなかにひきこもり予備軍がいて、ふっと落ち込んでしまうと（一般群の人たちも）ひきこもりの可能性があるということがわかってきました」〔注3　NPO法人ニュースタート事務局、2011年1月1日発行、『ニュースタート通信』〕。

一般の若者とひきこもりとの境界線はそれほど明確なものではなく、普通に暮らしている若者のなかにひきこもる要素を持つ者がいるということの指摘はとても重要であり、これからひきこもりについて述べていく私の支えとなり、杖となる警句である。今出会ったふたりはひきこもりではない。しかし、彼らの心の中には無意識かもしれないが、もしかしたらひきこもりになる可能性を秘めている、と思ったのである。彼らの言葉から「ひきこもりになりたくない」という思いと「ひきこもりたい」という思いが交錯しているように感じられたのである。さらに第2章で「3割はいる」とされる「タイプA性格」を理想としない生徒たちも、この思いに連なる可能性が高いのではないかと思われた。

自分の思いにもとづいて行く道を定め、着実に人生行路を歩き始める〈若者〉がいる一方で、成人に達しているにもかかわらず、さまざまな岐路や難問に出合う中で自分の行く末に不安感を覚え、社会や世の中との和合感が持てず、したがって疎外感が拭いきれず、自分が自由に生きられないもどかしさを抱いている人たちが確かにいるのである。そういう〈若者〉は成人であっても〈少年〉と呼ぶほうがふさわしいように思われる。ここで出会ったふたりもNSで出会った元ひきこもりの彼らもそのような意味で〈少年〉である。さらにここで出会ったふたりもNSで出会った元ひきこもりの〈少年〉たちも、第2章で紹介した「タイプA性格」を〈理想〉のタイプにすることを拒む「3割」の生徒たちの延長線上にいるのである。

NSには自宅から通所する者もいるが、ここが運営するいくつかの寮で暮らす者もいる。私はそういった〈少年〉たちに週一度授業を担当したのだが、その主旨は〈どのような内容でもいい、生きるための学びをコンセプトに〉だった。元ひきこもりの人のなかには学卒後社会に出て就労した経験を持つ人もいるが、中学や高校、ある人は小学校のとき「不登校」になって、そのままひきこもった、したがって就労経験を持たないうちに社会から遠ざかった人もいる、この授業で出会った〈少年〉たちはすべて後者に該当し、寮で暮らす人だった。ひきこもり期間は数年の人もいれば、10年近くじっとひきこもった後、NSに来た人もいた。

私は「授業」を行うのに先立って二つの方針を自分の中で決めた。第一に学校的な授業の形式、つまり〝ねらい〟を達成すべく導入、展開、結論というような形にしない、第二に授業の後レポートや試験を課さない、評価をしない、出欠席を取らない、また当面2時間という枠はあっても一連の作業なりが終了するまで続行するというように、とてもゆるい形で行うことだ。以下、この中で出会った4人の〈少年〉について記述していきたいと思う（4人については親愛の情から敬称は略すことにする）。

2「オレ、語ってもいいですかね」

金髪の19歳

11月上旬のある日のことだ。この日の授業は、首都圏郊外にあるT公園とそこに隣接する沼地にある遊歩道の散策だった。晴れた空に秋風が心地よいその日、メトロや私鉄を乗り継ぐことおよそ45分で目的の駅に着いた。落ち葉が舞い落ちる駅前のロータリーで、このあとの道順を確かめていると、

U君がのそっとやってきてぽつりと言った。

「あそこにいるチビ、今日の遠足から授業に参加するらしいですよ」

その言葉に振り向くと、緑色のベンチにちんまりとかしこまって座っている少年が見えた。彼はもちろん車中一緒だったが、ずっと誰とも口をきかなかった。いまもじっと黙ったまま座っていたが、U君の言葉に促されたかのようにこちらにやってくると「今日からお世話になります。よろしくお願いします」と言ってぺこりと頭を下げた。頭を上げたその顔は中学生かと思うくらいあどけなく、色白でいわゆるしょう油顔だった。その顔を縁取っている髪はきれいな黄金色で、前髪が額にかかり後ろ髪は肩にたれるよう流行のカットが施されていたが、この少女マンガから抜け出してきたような風貌に、グレーのざっくりとしたトレーナーを着、その上から斜めに茶色の革鞄をかけ、綿の白っぽいパンツにチャコールグレーのスニーカーを履いていた。

沼地に行くまでの道は、古い旅館や竹やぶに囲まれた立派な門柱を持つ住居が建ち並ぶ住宅街だった。その道すがら「チビ」と呼ばれた少年はやがて19歳になる拓哉（仮称）であること、NSには一昨日父親に連れれて来られたことがわかった。拓哉は元ひきこもりというわけではなく、むしろ社会性に富んでいた。高校2年生からだんだん学校に行かなくなり、2年の半ばで中退、その後通信制高校に転校したが馴染めず、先生ともうまくいかず地元の友だちと遊ぶ毎日が続いた。そんな彼を見かねて「とりあえずここに3日間いてみないか」とまるで友達の家にでも誘うようNSに彼を連れ出し、父親は彼を残して帰宅した。今日で3日がたつのだという。

「まだ3日目なんだけれど、ここは結構楽しいっす。というよりも地元に帰るお金がないから帰れないということもあります。それにオレ、オヤジとは面と向かって話しができる関係じゃないんですよ。今日オヤジが来るからこの後どうするか決めなくちゃいけないんです」

沼地を一望する公園に着くころ、彼は私の質問に下向き加減にじっと一点を見つめながらそう答えた。自分のことを「オレ」と語るその呼称と彼の華奢でどこか愛嬌のある風貌が妙にミスマッチであったが、ポケットに手を突っ込んで斜に構えた上目遣いな視線が彼の中で自分とは「オレ」なのだという主張をしていた。

拓哉は小、中学校は一日も休まなかった。高校は中学も併設された私立だったが、高校になると友だちとの話しは勉強のことばかりになった。授業は10時間目まであって、合間の友だちとの会話は「オマエ、この間のテスト何点だった?」という話ばかり。頭髪検査もあった。3日前に床屋に行ってきちんとしたつもりなのに指導の先生に「バッ」といわれ「センセイって、いったい何様のつもり?」と思った。それ以外に言いたいことは山ほどあった。こういう思いは〝不信感〟というやつだと思うけれど、学校ってそういうところだ。あるとき、学校内にコンビニができた。でもできて1ヶ月間は高校生しか使えなくて、中学生は入れなかった。そのコンビニでは万引きが多発して、万引きした生徒は退学になった。拓哉はひとりごとのように言った。

「学校は確かに居場所だと思う。でもこの居場所は多数派意見によって何事も決まるから個人の『問い』なんてかき消されてしまう。『自立って何?』という問いを考えたとしても、『この先オマエどうするんだ?』ということを即座に言われてそこで立ち止まってしまう。だから、居場所は共有スペースというけれど、それは逆で一つの方向に押し込めていくところじゃないかと思った。というよりも多くの人は自分の持っている『問い』に対して考えたり答えを出したりするのをあきらめている。だから居場所は『問い』を共有する場所なんかではないのだと思う」

そのうち学校にはなんとなく行かなくなった。一日休むと次の日から行くのがだるくなった。それと同時に学校を休んで、これほど気持ちのいいことはない、そういうとても新鮮な感動があった。そうしたらいきなり友だちからメールが43件も入った。「学校、来いよ」というものから「単位、やばいよ」「中退するの？」というメールもあった。オヤジは「もっとまじめになれよ」というのだが「まじめになるってどういうこと？」と思った。一緒に暮らしていたバアちゃんは「くだらない学校はさっさと卒業しろ」という。「オレの学校はそんなにくだらないかな？」というと「そういうことは人前で言うものではない」といわれた……。

初秋の散策路は向こう側一面に湖沼が広がり、静かな湖面に水鳥が群れていたし、街路樹の櫻の葉はいっせいに真っ赤や朱色に色づいていた。そのなかを少年はとぼとぼ歩きながら取り留めもなくしゃべり続けた。

「社会によって誰でも病む可能性がある」

翌週から拓哉少年は授業に参加し始めた。髪は相変わらずきれいに手入れがされていた。この日はチェックの厚手のカッターシャツを羽織り、グレーのコットンパンツを履き、素足のまま少々大きめのサンダルを突っかけていた。「今日から参加させてもらって、いいっすか」というなり、額にかぶさった髪を払うことなく上目遣いに私を見ながら茶色の肩掛けカバンをはずして椅子に深く掛けた。

身体はここにはあるものの、そして「参加させてもらって……」という言葉を出してはいるものの、〝心〟はどこか違うところに置き忘れている、おそらくは過去のどこかに引きずられたまま、そこに置き去りにしてあるかのようだった。

授業で「労働と自立」を扱った時間だった。その途中で本題とは関係なく（彼の中ではきっと脈絡があったのだろう）拓哉少年は「オレ、ちょっと語ってもいいですか」と目を輝かせるようにして言った。

「オレ、これまでの人生で一番嬉しかったのは、麻生首相のとき定額給付金というのがあったじゃないですか、あれを現金で2万円もらったときなんです。給付金がもらえることをテレビニュース見ていたら、インタビューに答えて『子どもに2万円渡すなんてもったいない』と言って渡さないという親がいた。これを見ていたときオレももらってないことに気がついた。それでオヤジに『あの2万円、どうなっているの？』って聞いたんです。オヤジも渡さないつもりらしかったので、もう、ちゃぶ台をひっくり返す勢いでオヤジを問い詰めたら『ちょっと待っていろ』と言ってすぐに銀行に行って2万円下ろしてオレにくれた。それをもらったときが一番嬉しかった。何に使ったかは覚えていないよ……」

彼には引き続き語りたいことが山ほどあったのだ。しかし、語りたい気持ちがある一方で語りたくない自分がそれを押し留める、そんな風に見受けられた。

その後、彼とは毎週接するようになったのだが、先にも述べたように身体はいま、この場所に確かにあるのに、〈本当〉の彼は今ここにはいない、気持ちはどこか（おそらくこれまで一緒だった遊び仲間や彼らといた場所）に置き去りにしたままであるかのようだった。例えば太巻き寿司を作る授業に参加したときのことだ。播きすにのりを敷き、飯と具を盛ってそれでも２本ほど巻くとタバコを一服する。のりをあぶるとか厚焼き卵を焼く作業もなんとなく途中でやめて、ほったらかしにするということがよくあった。想像するに集中力というよりももともと飽きっぽい性格があるのかもしれないが、そのときの自分の気分に任せて行動する癖が身についているのではないかと感じられた。拓哉はこの場で何をするのがもっとも好ましいか、優先順位をつけることが頭の中でできているにもかかわらず、結局そのとき自分がやりたいことを優先してしまう癖があるようにも思えた。自分の感情のままに引きずられる行動パターンが、周囲を見回すゆとりに欠ける子どもっぽさとして映るのではないか。が、もう一方では過去の自分との決別をつけかねているため、目の前の現実にのめりこんでいけないという事情が大いに関係するように思われた。

授業で「アキバ通り魔事件」［注４　２００６年６月に秋葉原で起きた通り魔事件。被害者は死者７人、重軽傷者10人。凶行に及んだのは加藤智大という26歳の派遣労働者だった］をどう考えるかをテーマにディスカッションしたことがあった。この事件に対して拓哉は次のような感想を述べた。

「なぜ、カトウ（加害者）はこんなにも自分の顔（外見）はもてないなんてネガティブに見るんだろう。オレの友だちのなかにもこの人の言っていることとか状況とかがほんとに当てはまるやつがいる。でもその友だちだって、卑屈なところはあるけれどどこの人のようにネガティブじゃない。ここまでのことをやってしまってからでは気がつくのが遅すぎるよ。カトウという人は情緒不安定だ。こういうやつとはつきあいにくい。社会に不満があるとかストレス社会とかいうけれど、今の世の中だと社会によって誰でも病む可能性はあるよ。社会がひどいために人嫌いになるとか、そのために犯罪を起こして牢屋に入るとかそういう人が出てきてもおかしくない。もしかしたらカトウはそういう人種なのかもしれない。純粋な心の人ほど今の社会は住むのが耐えられない、そう思うことはあるからね。だけれど、このことばかりつきつめていくと自殺するか人を殺すかの二者択一になってしまう、それはやばいよ。

事件当時はリアルタイムで、カトウはネットにどういう書き込みをしたとか、ネットに浸かりすぎていたからとか言われていた。でもネット社会が原因じゃない。カトウはネットからシカトされたと言っているけれど、ネットに助けを求めるなんてアホだよ。ネットから何の反応もないのなら、そのことはどういうことを意味するか考えなければいけないよね。

今の世の中大人になるって大変なことだよね。オレ、バイトしかやったことないけれど年金払いたくない。65歳前にきっと死ぬから。それに、年金の保険料ちゃんと払ったのにその記録がなくなったとか報道されているのを聞くと、管理が杜撰だし国はうそつきだと思うから」

社会がひどいために人嫌いになる、純粋な人は人として住むのには耐えられない、そのくらいひどくなっている（純粋だからひきこもるのかもしれない）……と拓哉はいう。その言外には、〈純粋な人とは紛れもなくこの自分自身なのだという言葉があるように思われた。「オレ」という呼称も金色（今は染め直して栗色だが）でレイヤードカットの髪もどことなく投げやりで斜めに構えている姿勢も、実は純粋な自分をどこかで汚し泥を塗っておきたい、そうすれば市井で暮らすのが少しでも楽になるのではないかと無意識にでも考え、そのための行為であるかのようだった。

3 34歳の〈少年〉

「泥沼に沈んでいきそう」

ＮＳにかかわるようになってまもなく、タカシ（仮称）と顔見知りになった。彼は中肉中背だが筋肉質の体格で、質素ななりにいつもずしりと重そうなリュックを背負っていた。道を歩いているときもＮＳに来ても自分が見たいところしか見ていないという風だった。決して脇目をふらずに一点を見つめ、何かを考えているか、何かにとらわれているか夢中になっているといった感じだった。一途に何かを追い求める〈少年〉といった風情に、私は彼を17歳だと決め付けていた。

新緑がきれいなある日、授業ということで某川岸に沿って続く道を半日散策した。この企画にタカシも加わった。彼の重そうなリュックの中身はお茶や昼食のほかはほとんどがいくつかのカメラ、画用紙、色鉛筆や絵の具であることがわかった。タカシの関心事は新緑の川岸やそこに咲く草花、昆虫や鳥、空や木々などの美しさを自分が気に入った視角で切り取り写し取って再現することだった。だからただ漫然と歩くのではなく、たびたび立ち止まっては辺りを見回しカメラを構え、黙々とシャッターを切るのだった。そのとき始めて撮影に熱中する彼が34歳であると聞かされたのだが、にわかには信じられなかった。後日そのとき撮った写真の一枚をＡ４版に伸ばして、私のところに持って来た。草原のように一面緑色の川岸に、古いレンガ造りの閘門《こうもん》が淡い空をバックに写し取られた写真なのだが、「センセイが気に入るといいのだが」と言って私に差し出した。

　その夏、ＮＳの幾人かで2泊の尾瀬旅行に出かけた。きれいな風景に憧れるタカシも参加した。真夏の太陽が照りつける尾瀬ヶ原や尾瀬沼を散策し、尾瀬の自然と空気とそこに生息する生き物とを満喫した3日間だった。尾瀬ヶ原の細い道を歩いているとき、タカシが「この道は10年以上前だけれど父親と一緒に来ました」とぽつりと言った。そしてさらに声を上げて言った。

「ああ、この小屋、尾瀬小屋ですね。ここに父親と泊まったことがあるんです。尾瀬には小学校2年と6年の2回来ているけど、どれもオリンピックのあった年だからよく覚えている。6年のとき尾瀬に来てしばらくした後から妄想に取り憑かれるようになって、その後ひきこもるようになったんです。だからこうやってまた尾瀬に来られるとは思っていなかった。今、僕は尾瀬のこの道を一歩ずつ感動しながら踏みしめて歩いています」

　私はタカシと歩調をそろえながらこの呟きともカミングアウトとも取れる台詞を聞いた。そのとき、人間は幼いころだけではなく長じて大人になってからでも、感動的で美しく心に刻まれるような体験や経験、出会いというものを体内に蓄積するものであって、それが栄養分となって行く先々での辛く過酷な、心身に堪えるようなあれこれをクリアできるものだと感じた。彼にとって父親との二度にわたる尾瀬旅行は、明らかに妄想、ひきこもり体験を乗り越える糧になったと思われたからである。とともにどうして妄想に取り憑かれるようになったのか聞いた。するとタカシは早口でしゃべり始めた。

「妄想というのは被害妄想、加害妄想、誇大妄想といったもので、妄想が一杯になると人間ではなくなってしまうのです。自分はずっとこれらの妄想に取り憑かれてきました。そういうときは、自分が見ている世界がクリアな映像に映らなくて、つまり澄んだガラスを通して見ているのではなくて、デフォルメされた別の世界に見えるんです。中学2年のころからは、どんどん泥沼に沈んでいくような日々になった。泥沼に沈んでいくのと同時にいろいろな妄想にも取り憑かれて、その間何年も家に閉じこもっていました。そういう日がどのくらい続いたかは今は思い出したくないし、閉じこもっていた実家の半径1キロ範囲内には近づきたくない。実際、もう4年も実家に帰っていません……。
ほんとうは自分は沢山の人の前はもちろん、センセイとだってこうやってしゃべるのはすごく苦手なんです」

そういってため息をつくようにしばらく黙り込んでいたが、やがてまた話し始めた。

「10年間というもの友だちが一人もいなくて、毎日読書とジョギングをやっていました。10年前に職業能力開発センターに行って、グラフィックデザインを習いました。でも今はもっと現実的に業務の見習いとして研修をしています。とにかく床とかをピカピカになるまで磨く肉体作業が毎日あって、相当きついです……。一番好きな生き物はカメ、次がザリガニです。とても美しいから。あとヒツジとイチローが好きです。ヒツジとイチローは僕のメールアドレスに使っているくらいです。僕はパノラマや美しい風景に魅せられる。そういうとよく〈自然との共生〉というけれど、ことはそんなに単純にはいきませんよね」

その後タカシは尾瀬ヶ原で写し撮った写真を用いて、まっすぐ続く湿原の道を歩きながら前方に燧ケ岳を望む風景を立体的模型のような形に仕上げて持参し、みんなに披露したのだった。

「ありふれた人間は、ありふれた手段で不満を解消させる」

彼は「自立と労働」を考える授業に参加した。そのとき若者に非正規雇用が多く割り振られ、社会保障の網から漏れている場合も多いことを始めて知ったようで、このことに対して彼は次のようにコメントした。

「一番の印象は、人の働く場で法律というのがちゃんと守られているものと思っていたのに、違法行為が予想以上にあること、非合法が思った以上にまかり通っていることを知ったことです。違法が全体の中でどのくらいなのかわからないけれど、このことは自分の今後働くときのために覚えておかなければと思った。そして、このことをどうすればいいのか、それが問題なのだ。みんな違法なのに甘んじて働いてうつになるしかないのか……、個人の力ではどうしようもないように思える」

さらに「アキバ通り魔事件」についてのコメントは次のようだった。

「自分なりにこの事件のことを考えたいと思ったが、そのためには何よりも犯人そのものの全体像に思いをめぐらせることが必要だと感じた。でも、それは新聞記事からでは不可能だということも同時に感じた。新聞記事には犯人像に迫る手がかりがないからである。なぜ手がかりがまったくないかといえば、新聞で犯人について書かれている内容が極めてありふれたものだからである。例えば『職場でむしゃくしゃすることがあった』『怒りっぽい』『上司とけんかした』『無表情だった』『現実社会がいやになり、ネットに逃避した』という情報はあるけれど……、これらは世の中では極めてありふれた不満である。ありふれた人間はありふれた手段で、ありふれた不満を無害な形で解消させるものだ。そうでなければ世の中はたちまち殺戮で満ち溢れるのではないか……。しかし、この事件の犯人のような人はまれにしか現われない。彼の行動を決意させるためには、ありふれた不満以上の何かがあるはずだが、それについてはみんな意見が食い違い、最もナゾに包まれたベールになっている。それにしても犯人が社会の中で苦しい状況だったのはわかる。でも肝心要のこのような事件を起こすということになると、どうしてもどうしても全体的な判断よりも自分よりの判断を優先させていると感じてしまう。このような事件を起こすための論理を立てるのなら、あと一万語、いや一億語が必要じゃないか。殺人はその人はもちろん周囲の人もその根っこから破壊してしまうからである」

彼のコメントや疑問は、ほとんど学校教育の教科という決まりきった枠を逸脱しているのだが、それだからこそ独特の個性と知性が感じられた。また、「自分は神経症を病んでいる、だから身体をスムーズに動かすのが苦手である、それを改善するために身体を動かすことを繰り返ししたり、治療のための作業をしたりした」ということも話した。例えば竹林が沢山ある自然が豊かな作業場に行って、竹をどんどん切り、それを燃やすという作業を3週間続けたりした。作業はやりがいもあり新鮮だった。竹を燃やす激しい炎を黙々と凝視しながら心の中で神経症にとらわれなくなりますようにとしきりに祈ったという。また彼は「自分はもう34歳なのだから」と就労に向けて活動もしていた。そのために苦心して書いたという履歴書を例のリュックから取り出して見せてくれた。顔写真の貼ってあるそれは一字一字筆圧が感じられるものだった。アルバイトに5件応募したがいずれも「あなたの意向に沿うことができません」という結果に終わったことを説明しながら「どのアルバイトも雑用です。商品の梱包とかラベル張り、ラベルはがしというような。ただ1件だけ採用されたところがあって、それはチラシのポススティングなんですけれど今それをやっています」

アルバイトが雑用であることや面接に5件落ちた話しをしながらも、少しも自分を卑下したりそんな自分を情けないとかどうしようもないやつだと思ったりしている様子は（決して内心穏やかではないのだろうけれど）感じられなかった。彼にとって賃金労働とは純粋にお金を稼ぐことを指しているのであって、仕事に就くことが、自分の一生をかけたものであり、個性だとか適性を生かしたりすることとほとんどつながっていないようであった。私はこの10分足らずの会話に、これまで味わったことのないような新鮮さを感じた。

内面の醜悪さがない

大人になるとか大人であるということはしばしば、世知辛さや世のしがらみを背負って生きているとか世事に長けている、あるいは経験や駆け引きで動けるようになる、顔では笑っていてもお腹の底では全く別の計算をするといったニュアンスがこめられる。あるときは自分の稼ぐ賃金の多寡や地位を気にし、人当たりがよく、コミュニケーション能力というものを身に付け、合理的理性に依拠して生きるのが実に板についている、そういう人を指すものである。このような側面からこの人を見ると、どの角度から見ても彼にはそういった要素が見当たらないのである。それはおそらく内面の醜悪さ、汚れたところ、下品なところというものがまるきりないからであり、彼の中心にあるのは観念的な知性や理性ではなく〈純粋な感性〉にほかならないからではないか。彼はいったい大人になりたくないのか、大人の世界には決して馴染めない、馴染もうとしないかのようである。また、話すとき自分の内面にある言葉しか使わないし、自分のなかから出た言葉で反応してくる。使い古された概念とか損得勘定、的確な状況判断や分析によって割り出された言葉を使うことがないのである。

このように言えばそれは単に無邪気でイノセント、子どもっぽいだけではないか、感情のままに動いているに過ぎないのではないか、また人間として未成熟なのではないかといわれるかもしれない。確かにそのような側面はあるのだろう。しかし例えば彼は自分の中にある〈神経症〉という病を恐れ、これが治ることを切望し、そのためにじっと孤独に耐えている。それは今日よく用いられる「病気とともに生きる」というニュアンスとは少し違っていて、病に対しての心からの〈恐れ〉〈畏怖の念〉というものを持っているのである。この〈恐れ〉〈畏怖の念〉いう感情は単なる子どもっぽさとは違っているし、ことに何ものかを心から畏怖する気持ちというのは大人になるに従って失っていくものである。このような私も含め多くの大人がどこかですっかり失ってしまった素朴な感情というものを彼は持っている。現代人が失ってしまったある種の感情というものを保持し続けている、だから彼はどうしても実際の年より17歳も若年にみえるのではないか。

彼は孤独のなかで自分の世界に埋没して生きてきた。にもかかわらず確固たる強い意志、自己主張というものがまるきり感じられないのである。ただ繊細な感性と自然の美しさを憧憬する気持ちに依存して生きているように思われる。そして混沌とした泥沼のようなところから抜け出して自分らしい根を張り、花を咲かせたいと切望もしている。いつか必ずやNSのスタッフから静かな、しかし温かい言葉をかけられながら〈感動的な〉巣立ちをしたい、そういう熱烈な願望を持っている。彼は何事につけ行動開始するまでじれったくなるほど熟考する人である。そういう存在がこの社会の中で疎外されることなく、今の彼のままを保ちながらこの願いを叶えることは果たしてできるのだろうか。現代社会において、彼の実存を損なうことなくこのことは叶えられがたいように私には思われる〔注5 中山元、2001、『フーコー入門』ちくま新書　同書は「狂気が治療されるためには、実存を疎外するような道徳に屈しながら、実存としての自己を疎外する社会のなかに、自己を疎外したままで復帰することを要求される」と述べている。もちろんタカシの神経症＝狂気というのではないが、〈精神を病む〉というカテゴリーでくくった場合この指摘は当てはまるのではないか〕。

4「人ではない人」を描く人

10歳でひきこもる

修二（仮称）がNSにやってくるまでの話は、大そう感動的である。私はこれを担当スタッフから聞いた。

修二は小学校4年生のとき、自分にも理由がわからないまま不登校になった。中学も入学後すぐに行かなくなり、高校受験もせずに家でゲームやパソコンをしながら19の歳まで過ごした。このころNSから手紙や電話が届くようになり、やがて担当スタッフ（第4章で述べるレンタルお姉さん）が彼の自宅を訪ねるようになった。修二と接触するようになってしばらくしたある日、スタッフは彼に「自宅から一番近いバス停まで来てね」と誘いだした。彼は言われるままにバス停までやってきたが、何年かぶりかの外出だったのだろう、そのときはいつも自宅で過ごす服装、つまりパジャマ姿で現れたという。その後何度目かの訪問の後、バスに乗って一番近い私鉄の駅まで出てきてもらい、その次は私鉄沿線でもっとも繁華な駅まで、次はターミナル駅までというように徐々にのばし、最後はNSがあるメトロの駅まで一人で来てもらった。NSに来られるようになったとき、そこの寮に落ち着くことになったたというのである。そこまでの道のりにおよそ1年が費やされた。

私はNSに落ち着いて半年ほどが過ぎたとき彼に初めて会った。そのときの彼の印象は、10年も社会と断絶していたためだろう、現実世界に根を張って生きていないような、いわば浮世離れした風貌だった。一緒にいてもまったくしゃべることはないのだが、ちょっとした文章をプリントしたものを渡すと間違いなくすらすら読んだ。どうやらもともとおしゃべりなたちではないのに加えて、何かしゃべりたいことがあったとしても、自分の思いを何らかの言葉に変換して発するという作業に慣れていないようだった。しかし時折、このことは思うところがあって表現したいという思いが突き上げてくることがある。すると、右手を胸に当てて、胸の中にある「表現したいそれ」を物理的に手で外に押し出すかのように胸に当てた手を自分の前に押し出し、また胸に戻しまた押し出しという動作を繰り返すのだった。しかし、この動作をすることとしゃべりたいことを発するということはほとんどの場合つながっていない、つまりうまくしゃべることはほとんどなかった。それでも彼との会話にならない会話を繰り返すうちに、よく言われるところの「コミュニケーション能力」というものがいかに口先だけのスキル、つまり「巧言令色、少なし仁」になっているかを思った。

それと同時にたった10歳くらいから10年近くも学校に行かず、したがって同年代の友だちとはしゃいだり遊んだりすることもせず、塾や部活も経験せず、ほとんど旅行らしい旅行もしないで自宅という狭い世界だけで生きてきた、このことはちょっとまねのできない凄いことではないかと思わずにはいられなかった。10代という成長盛りの時期に人間はいろいろなことを吸収し、蓄積していく。それではそういった活動をしなかった10年にも及ぶその時間というのは、成長も緩慢になり、無為であり無意味な時間ということなのだろうか。教員時代の私は、「不登校」に対して中身が空洞な期間というイメージを持ち、「無為な人生を送る人」として心の中で切り捨てていた。それが彼らと接するに及んで私はこの気持ちをきれいさっぱり捨て去らないわけにはいかなくなった。何よりも小学校から大学に入るまでの多感な時期を孤独に過ごしたのにもかかわらず、彼は字がすらすら読めるばかりでなく、さまざまなことを考え、そして表現する、しかもその内容が学歴を積んだ人と比べてほとんど遜色がないのである。

「適切な判断」に学校的知識は不要

第2章で報告したように、今日9割以上の若者が「学校は行くべきところ」「どちらかといえば行ったほうがよい」と答え、3分の1以上の者が学校は「知識、技術を習得する場」と回答している。この回答はともするとと学校に行かないと生きていく上での知識や技術が身につかず、世の中に出たとき「正しい」ものの見方や判断ができなくなってしまうという思いにつながりやすい。少なくとも私は、学校的な知識が基礎になってその後の社会生活が成り立つ、だから10代に学校で基礎的知識を獲得しなければならない、そういう意味において学校教育は必要であると考えていた。しかし、もしかしたら学校的知識、学校における教科教育など受けなくても、社会に出たとき「正しい考え方」や

「適切な判断」はできるのではないかと思うようになった。つまり、必ずしも学校的知識によって「正しい考え方、判断能力」がもたらされるわけではない。

それは授業で2本のDVDを続けて鑑賞したあとのことだ。一つは「青年の挫折」という話題を発端にして『2・26』を、もう一つはこの事件との関連で『ヒットラーの贋札』を見た。両者を見た後、改めて彼らに聞いてみると日本がいつどのような戦争をしていたのか、「2・26」とはどのような意味合いを持つ事件だったのか知らないというのである。さらにヒットラーとの関係でいえば「三国同盟を結んでいた」とはいったい何のことかわからないという。それを聞いて私は一瞬ひるんだけれど、考えてみたら当然のことだ。これらはすべて学校的知識であって、そういうことを友だちが勉強しているあいだ彼らは、家でゲームをやったり、好きな絵を描いたり、フィギュアを集めたりしていたからだ。けれどもそのような知識がないにもかかわらず、DVDに対する感想を言ってもらうと、「ファシズム」という単語こそ使わないけれどもナチスドイツと日本、そしてアメリカやイギリスとの関係を非常に的確に捉えたコメントだった（プリントに簡単な感想を書いてもらった後、口頭で補足という形だったが、修二は時として思いを言葉にすることがある）。

さらに別の授業ではカウンセリングや「こころ主義」について扱った。ひきこもりを経験した人はほとんどが一人で、母親と一緒にあるいは家族ぐるみで幾度となくカウンセリングを受けている。そしてほとんどがその経験を苦々しい思いとして語っていた。そのような経緯を踏まえて、日本ではことに80年代から「心の専門家」が出てきたこと、その後「心のケア」「心の教育」あるいは「心の闇」「愛国心」「道徳心」がいわれるようになった、というようにいくつかの資料を用いながらその系譜をたどった。そのあとでこの20～30年の流れを追うなかで一番気になった単語をあげてもらった。すると修二は「愛国心」をあげ、なぜ気になったのかについては「日本に生まれてよかったとか、日本人でよかったとかそういう気持ちは教育によって出来上がるものではない、だから教育で愛国心を植えつけるのはおかしい」と答えた。また別の人は「心の教育」という言葉をあげ、気になった理由として「心というのは教育するものではないからだ。こころ主義の系譜を見ていて思ったのはすごく政治的なものがあるということ、政治的なコントロールが働いていると感じた」というのだった。

さらに、アキバ通り魔事件に対して修二は、次のようにコメントした。

「『誰でもよかった』という犯人の言葉が気になった。人を殺すというのが犯罪であることくらい犯人にもわかっていたはずだ。それでも殺したということは、それをやることによって自分という存在に気がついてもらえる、だからやったのだと思う」

このコメントから「僕はここにいる、僕の存在にも気がついて」、修二自身がそういう思いを抱いていることが伝わってきた。

このような場面に幾度か出会ううちに、学校的知識が必ずしも論理的思考や知的判断力を養うものではない、学校的知識がほとんどなくても「正しい考え」「適切な判断」はできるものであると思うようになった。むしろ人間は近代学校教育を長年受け続けることによって失うものだってあるのではないか。そもそも近代学校とは国家が必要とする人材を養成する場として作られたのだから、この目的を達成させるよう教育の枠組みがつくられている。この教育の枠組みを示すもの、すなわち学習指導要領という一定の基準に基づいた教科と教科内容があって、それに従って生徒が（日本国民として）学ぶべきとことがらと学んではいけないことがらとが峻別される。生徒の多くが学校教育を知識の大半として獲得すればするほど、そうではない知識、考え方（実はこちらの方が量も質もずっと多いのだが）というものは彼らの中から排除されるようになる。これに対して学校教育を受けないのであれば教科の枠組みにとらわれない知識、考え方というものがそのまま残され、自分独自の発想でものを考えられるのではないか。さらにその人がもともと持っている独自性というものを失わずに保持し続けることができるのではないかと思われる。元ひきこもりの人たちのコメントはそういった独自性に富んだものだったのである。

偽らざる表現法

ここでの授業には「美術」の時間があった。だから時折彼らの作品が〈教室〉に展示されていたし、年に一度このようなところで学ぶ若者たちの芸術や文芸作品を一堂に集め、できばえを競うコンテストが行われていた。ある年の1月、このコンテストで修二の描いた絵が優秀作品に選ばれたと聞かされた。その絵をコンテストの審査員が所望した。1万円もの高値で売れてしまったのでもはやここにはないという。が、そのコピーはあるというのでそれを見せてもらった（資料1）。そこに居合わせた修二に絵のタイトルはなんというのか聞くと、即座に「人ではない人」とテノールな声で答えた。私はその絵を一目見るなり非常な衝撃を受けた。

渦巻状のパンにチョコレートを詰め込んだチョココロネパンというのがある。その絵に描かれた人間は、後頭部がそのパンのように渦を巻き、チョコを詰める口が顔部分になっていた。その顔には3

資料1

つの丸く白い歯のような眼のような部分があって、笑っているようでもあり叫んでいるようにも見えた。くるくる巻いたパンの頭部にはきっと脳みそではなく〈虚無〉が詰まっているのだと咄嗟に思った。なぜ〝虚無〟なのか、それは次のような経緯があったからだった。

絵のコンテストがあった一ヶ月ほど前、「家族論」をテーマに授業を行った。用いたテキストには、「かつて50～60年の人生だったのが今では80～90年に延びている、だから人生のタイムスケジュールもかつてと比べると変化している」というくだりがあった。これを受けて人生が80～90年だとしてそれを20年刻みに区切る、すると生まれてから20歳まで、20～40歳、40～60歳そして60歳以上というように4つの区間に分かれる。四つの楽章というイメージを持てば人生は交響曲にたとえられるのだが、それぞれの区間にあなたはどのようなイメージを持つか、名前をつけてみようと提案した。その場にいた人たちはみなは20歳以上だったので20歳過ぎの3区間を命名することにした。ひとしきり考えた後でそれぞれ発表してもらったのだが、修二の答えは意表をつくものだった。20歳から40歳の区間は「無」だという、40歳から60歳までも「無」である、そして60歳以上は「死」と答えたのだ。「無、無、死」というこの禅問答のような回答は、背広を着、ネクタイを締めた男性の姿をしているが、頭部はチョココロネパンというこの「人ではない人」とどこか重なるように感じられたからだ。頭にはチョコレートが詰まっているが彼はその重さを感じないかのように平然と、見方によってはへらへらと立っているのである。頭部に詰まっているものはチョコレートというより〈虚無〉と解釈したほうが適切ではないかと思ったのである。

これは修二自身の自画像かもしれない。が、同時に人並みが行き交う街角ですれ違う誰ともわからない不特定多数の人間のようでもあった。不特定多数の人間とは人ではあるが、人間的連帯やふれあい、親しみといった感情を共有しうる「人ではない」からだ。また修二は10年近くの間誰とも友達にならずにひとり孤独と不安に耐え、学校に行かない自分は無為に時を過ごしているのではないかという焦り、さらには「なぜ自分は学校に行かなくなったのか、人とは違うことをしている自分とはいったいなんなのか」そういう思いと闘ってきたのではないか。これはそういう体験なしには生まれない絵である。彼が耐えた孤独、無為の時間浪費への焦りや自責の念などがどのようなものか、それは言葉に言い表しにくいし、彼自身無意識で無自覚だったかもしれない。しかし言葉によってではなく非言語による表現であれば嘘偽りない自分を表現しうるものである（ちなみに彼は不登校の間、絵は描いたことがない）。しかし、この絵がコンテストで栄えある賞に輝き、いろいろな人から賞賛の言葉を掛けられ、評価を勝ち得たことは「無・無・死」から離脱する一歩につながるのではないか。

マイナス方向のエネルギーについて

学校というところは生徒に対して常に明るい前向きな言葉でもって語り、自分の外に向かってエネルギーを出すのがよいと教える。「人生は一度しかない、だから精一杯生きよう」「命を大切に」「自主と自立の精神で」「どのような夢を描くのもあなたの自由」「努力、そして発達、向上せよ」「より高く、より遠くへ理想のかなたに目を向けて」云々……。こういったメッセージ、つまり常にベクトルが上に向きプラス志向のキャッチコピーが用意され、生徒に投げかけられる。この目標に対していくらかでも近づくことが素晴らしいこととされ、そういう生徒には惜しみない声援が送られる。が、これらのメッセージとは反対に「つつましくほどほどの人生でいい」「努力やがんばりは苦手」「社会に役立つような人間になれそうもない」「自分にはたいした能力も個性もない」というような内向き、後ろ向きの気持ちは投げやりでよろしくないとされ、そういった類の生徒に学校は冷淡で無関心、不寛容である。

10代は「自分とは何者か」とか「自分は社会や周りの人から疎外されている、うまくやっていけない」というように個人の内面に問題を見出す時期である。しかし学校はそれら個人の問題と向き合い、尊重しうまく対処することがあまり得意ではない。学校は内向き、後ろ向きのメッセージを受け止めるようなシステムになっていないからである。だからこのような心の悩みを抱えた生徒の多くは内面に向かう問題を忘れてしまうか、〈勉強とスポーツ〉というように外に発散させるように薦められる。それらがうまく行かないときは〝心の教育〟というカテゴリーで取り込み、「教育相談室」に関係する教員が担当する。そういう風になっているから、肝心の精神の問題は放置されたままになる。

修二という〈少年〉は物静かでそれも「これほど口を利かない人は見たことがない」といわれるほど無口である。彼のエネルギーや感情は決して外に向かって発散しているのではなく自分の内面に向けられている。内向的で目立ちたがらない、言葉によるコミュニケーションが苦手という評価をされたとしても、「だから自分はだめなのだ」と思うことなくそれらの評価に流されることのない精神維持の方法を心得ているかのようである。また、人を批判するのはいやだし、軽蔑や非難の色を見せたことがない。したがって活発ではないし、快活であることは珍しい。唯一私が目撃した範囲として、3月の始めごろ「来週はホワイトデーに当たるので何種類かのクッキーを焼きます。日ごろお世話になっているスタッフの方に上げるという目的です」とアナウンスしたとき、彼はちょっと顔を赤らめ（そのように私には見えた）にっこりしたことがあった。そのくらい彼は羞恥心と純真さを持っている。ことに男女関係に属するある種の言葉を聞き、そのような光景を見ることができないし、そういう映像でも見ようものならじっと下を向いたきりになる。こういった〈少年〉修二は学校が提示し続けるメッセージに同調できなかったのだし、むしろ学校から疎外されていると感じ続けてきたのではないか。

彼は10年ほどのひきこもり経験の後、自分の人生を「無・無・死」と規定した。この規定には無意識かもしれないが他人に関係のないもっぱら個人的な悩みや思い、当人にも理解しがたい〃未来に対する不安感〃が存在している。学校というところは発達、向上、成し遂げるといったプラス方向のメッセージを常に発し、反対に後ろ向き、内向的、後退するなどマイナス方向に向くことは受け入れられない。しかし、ベクトルがマイナス方向に作用するエネルギーというものがあるのであって、それは人間にとって決して不要なものでも害をもたらすものでもなく、人間的深みと豊かさ、ある種のバランスをもたらすものといえる。修二はマイナスにベクトルが向いた気質、感性、感覚を心得ていたし、持っていたからこそ「人ではない人」を生み出すことができたのである。

5「一番嫌いな生物は人間」

「道は一本しかなくなった」

ある日のこと、私は新聞の教育欄を見ていてぎくりとした。「努力するヤツは必ず強い」と毛筆で力強く書かれた文字が眼に飛び込んできたからである。それは小中高校生を対象に「伝えたい言葉を短く書く」という欄で、横長の半紙に4行にわたって書かれたその「書」は、「努力」と「強い」が特に大きく躍動していた。「書」の筆者は高校2年生（16歳男性）で、「中学のころから陸上を続け、積み重ねてきた努力が今結果になって出ているのを実感します」というコメントをしていた。このことから、「努力するヤツ」とは自分のことを指していて、「自分は陸上の１００メートルハードルが上達したくて、地道にこつこつ努力してきた。努力すれば必ず結果が出ることをみんなに伝えたい」という主旨がわかりすぎるくらいわかる言葉だった。そのとき、この記事を明人（仮称22歳）に見せたら（もちろん見せることなどないのだが）どのような反応をするだろうかと思った。それは、意地悪く思ったのではない。「書」の作者である「タイプA性格」の高校生はおそらく「文武両道」の優等生なのであろう、努力と能力によって間違いなく王道の人生行路を自分は歩むのだと信じて疑わない（と思われる）。それに対して我が元ひきこもりの明人は、世が世であるならこの高校生のように「文武両道」で自信に満ちた10代を過ごしたのに、と思ったのである。付け加えるなら、必ずしも「書」の作者の高校生の方が明人よりも〈幸福〉な人生になるであろうとは決して断定できないということだ。

明人は彼の住んでいた県内では屈指の進学校に入ったものの、１学期が終わらないうちに挫折し、不登校になり、高校中退、ひきこもりという道を歩んだ。はじめて彼と接したころは、どこか焦点の定まらない目つきで、いつも疲れたようなぼうっとした顔つきだった。バスケットボールかさもなければサッカーをやったら素晴らしいボール捌きをしそうながっしりとした体つきであるが、物事をきちんと見極める正確さと、小さなことまで見逃さないような繊細さを兼ね備えた神経の持ち主であることがやがてわかってきた。そういう外見であるのに、いつも肩を落とし、すっかり憔悴し意気消沈したように気の抜けた面持ちをしていた。時折「気持ちがめいっぱいぐちゃぐちゃになって、一日中起きられなかった」と言うことがあった。彼は「アキバ通り魔事件」の授業のあとしみじみと次のように語った。

「俺は思うんですよね。自分もそして多くの若者も、学校教育の体制に従って、やつらのいう通りにやっていかなければならないようにできているのだと。高校のときの勉強は一言でいって受験対策だけ。受験そのものが目的になって勉強がただの暗記術に成り下がっている。そうやって言いなりにやっていくと選択肢はどんどんなくなっていく。いい大学に行って、金が稼げる仕事に就いてというのがやつらがいう〈道〉だ。そのなかで成績が上がらないとか進学がうまくいかないとか就職ができないというように、うまくいかない経験が多いほどいやになっていく。俺には高校に行く前にはこうしたいという道がいくつもあった。それなのに結局学校や塾や親からそういう道を削り取られて、道は一本しかなくなった。そうなったとき自分の世界というものもなくなってしまった。自分の世界を見出せないから、自分も消えてしまえという気持ちになっていった。自分がこの世から消えるか世界が消えるかのどちらかしかないとまで考えるようになった。要するに〈人生を終わりにしたかった〉ということだ。死んだほうがましだと思った。

俺はアキバ事件を知ったときは、高校を辞めてひきこもっていた。もう死んじゃいたいと思っていた。そういうときだったから、『生きていてもしょうがない』という犯人と同じ意見だった。周りはどうでもよかった。だから共感さえした。気持ちの上ではカトウ（アキバ事件の加害者）と同じような状態だったから俺は犯人側の人間だといえる……」

いまや多くの若者は、幼少期にはどのような道も開かれる、選択肢は数えきれないほどあるといわれ、それを信じて育っていく。けれども一定の年齢に達すると、学校教育の体制に従うよりほかないように選択肢はどんどん奪われていく。そういう流れに疑問を持たない人は多いし、社会にうまく適応しながら人生を歩む人も沢山いる。要するに学校教育は定番でメジャーな人生コースにしか乗れないようつくられている。先ほどの「書」をしたためた高校２年生はおそらくこのコースを歩むだろう。

しかしその一方で、自由な教育とか民主社会とかいいつつも結局〈一本道〉に追い込まれていく、そういう厳然たる現実があることに理不尽さを感じ、このコースにどうしても乗れない若者がいるのである。彼らはメジャーなコースから外れたという挫折感を持つ。それとともに、たった一つの道は自分が望んでいるものとはまったく違うことに深い喪失感を味わう。若者の中には、そんなに沢山稼がなくてもいい、納得のいく形でほどほどにつつましい人生が送れたらそれで満足だと考える者も少なくない。だから定番コースから外れたという挫折感よりも、〈自分の世界を失ってしまった〉〈つつましく生きることすら望めない〉という喪失感の方がずっと重たいのである。やがて彼はこの〈喪失感〉は今後決して恢復できる可能性のないことを悟るのである。そうなったとき彼は、年功序列、終身雇用が曲がりなりにも果たされた世代には想像もつかないほどの捨て鉢で絶望的な、深い谷底に突き落とされたような気持ちを抱くようになる。捨て鉢な絶望感は時には死にたいという思い、周りの人間や世界がどうなろうとかまうものか、いっそ自分と一緒に誰かも殺してやりたいと思うまでに追い詰められていく……。

ここまでの時点で、つまりひきこもっていた時点では明人はアキバ事件の犯人と気持ちの上での距離は近かった。しかし、彼はその後ひきこもりから脱出し、アキバ事件を客観視するようになっていった。その一方で我慢の緒がぷつりと切れて禁じられた一線を越えてしまい、それを踏み越えたからにはもうどうにでもなれ、こうなったからにはすべての法律や権力を踏みにじって、野放しにされた無限の自由を満喫しようと突き上げるような気持ちのままに暴走してしまう者もいる。ここにおいて両者の精神的距離は果てしなく遠いのである。

「お金の話は苦手だ」

今日〈一本の道〉からはずれてしまい、喪失感、絶望感を抱く若者はかなりの数に上ると思われる。しかし彼らが抱く絶望的な気持ちを「心の闇」と表現するのはあまりにも短絡的である。彼らの心は「闇」のように真っ暗で何もないわけではないからである。彼らと接して痛感することは〈不登校〉〈ひきこもり〉という行為は、先に記したマイナス方向に向いたエネルギーというものを彼らが持っており、これが一つの原動力になっているということである。したがってひきこもるという行為は、本人は無意識かもしれないが、たった一つしか〈道〉を示そうとしない社会や学校の理不尽さに対して非暴力、不服従の抵抗、孤独なストライキを決行していると捉えることができるのである。

さて、明人がNSに来るきっかけは次のようだった。ひきこもっていたころ、父の元同僚がプロテスタント教会の牧師をしていると聞いて、そこに遊びに行った。彼自身は無神論、無宗教だというのだがその牧師さんからNSの情報を得て、それがきっかけとなった。今でもその教会とは交流があるという。修二とは反対に時として彼は饒舌である。その語りを聞くと、気持ちの底に〈絶望〉が沈んでいるのかもしれないが、決して破壊主義者でもニヒリストでもないのである。

「俺が今こうやってここにいられるのは（ここにいるには寮費とかお金がかかるでしょ）実は俺のじいちゃんのお陰なんだ。じいちゃんは先の戦争で大陸の方、ロシアまで行ったと聞いている。そこで病気になって帰ってきた。その後終戦になったけれど、老後は政府から恩給というのが支給されていた。じいちゃんが死んだ後、その恩給は遺族であるばあちゃんがもらうようになった。俺はそのばあちゃんがもらっている恩給のお陰でここにいられるのだ。ばあちゃんは今はとても高齢なので施設に入っている。時々見舞いに行くと記憶が戦争のことに戻っていて、それだけ戦争というのは大変だったのだと思う。けれど、俺が帰るときには必ず『気をつけて帰れ』と言ってくれる。そもそも戦争っていうのは政治の道具なんだろう。今戦争なんかやったら人が生きられる環境なんかなくなっちゃうのに。ほんとバカヤロウ、フザケルナ……。これからどうするのといわれてもほとんど考えられない。だいいち働くというくくりそのものがわからない。仕事というのも生きる手段の一つだと思う。それが会社への依存が強すぎるから、結果として逆にそれなしでは生きていけないという現実になっている。昔の人は就職どうしようとか、どんな仕事をしようとか考えなくてもよかったのに、今は考えないといけなくなったことに泥沼感というか恐ろしさを感じる。大人が『働け』と言ってアドバイスしても昔はそれがうまくいっていたけれど、今は説得力がないし、そう簡単に働ける状況ではない。

俺に世話好きな中年のおばさんがいて、いろいろなことを言ってくれてありがたいのだけれど、やっぱり〈正解〉の時代を生きた人だから、俺とは違うんだよね。あるときおばさんと口論になった。そうしたら『私と対等にしゃべりたかったら、時給９００円の仕事をしてからにしなさい』と言い出してね。これをいわれたら何にも言えないよ。

働く理由はそんなに沢山あるわけではない。究極はお金が欲しいからだろう。やっぱり俺、お金の話は苦手だな」

彼に限らず元ひきこもりのほとんどといってよい人たちは、質素な服装である。これを着たら格好よく見えるだろうかとか、ファッショナブルだろうかという気遣いはほとんどなく、着古したようなTシャツやズボンをさりげなく身に付けているだけで、新しさや流行にもこだわらない。髪形や自分の外見、容貌をほとんど気にしない。誰かに「いい加減に床屋さんに行ってさっぱりした方がいいんじゃない」といわれてはじめて散髪するくらいだ。ひきこもっていれば誰とも会わないのだから、服装や外見にこだわらなくなるのは当たり前ではないかといわれるかもしれない。確かにそういう一面もあるだろう。が、彼らの多くは高度消費社会にあっては珍しいほど、物欲や金銭欲がなく消費意欲が小さい。省エネ低経済という見方をすれば、21世紀適応型人間といえる。自分をどのような容貌に見せたいとか、どのような商品がほしいかということにほとんど関心がないのだから〈経済成長〉という掛け声によって豊かになることはよいことと信じて疑わなかったわれわれ世代からすると、向上心や野心のない脱力系といわれるだろう。しかし「お金の話は苦手」というあっさりした口調には、がつがつしない一種の品のよさというものがある。

「ゴミがあるところにいるから、ゴミムシというけれど」

明人の最大の趣味であり関心事は、野原や山林、川岸、沼地など自然に生息する昆虫を探し、彼らと戯れ研究することだ。このことを知らなかったころ、私は唐突に次の台詞を聞いて驚いた。

「俺の一番の間違いは人間に生まれてきたっていうことだ。世界で一番嫌いな生き物は人間だ。人間以外に生まれるのならだったらどんな生き物でもよかった」

食物連鎖の頂点にいて霊長類の中でもっとも高等な種であり、〈神〉の姿に似せてつくられたのが人間である。だから人間に生まれてよかった、人間以外の動物に生まれなくてよかったと本気で思っていた私は、少なからぬ衝撃を受けた。すかさず人間以外だとしたらどんな動物がよかったのか聞いくと、彼は即座に「ゴキブリ」と答えたのだった。

「ゴキブリは人間から忌み嫌われているし、見つかると叩き潰されちゃうでしょ、なのにどうして?」

と私は真顔で聞き返した。するとゴキブリはもとは野生のなかに住んでいた、それが人間の生活に入り込んで食べ物を漁るようになったから嫌われているだけだ。語源が「御器かぶり」という説もある。それに人間のいないところで暮らすゴキブリもいるからそういうところで暮らせばいい、というのだ。彼はよく研究しているためその発言には説得力がある。それにしても私には人間よりも虫になりたかったという願望がどうしても受け入れられないのだが、彼のこの願いは生きづらさの現れであることはよくわかった。

　また、次のようなこともあった。秋も深まったある日のこと川岸に沿った道を幾人かで散歩した。陽は傾きかけていたがあたりはまだとても明るかった。舗装されていないその道にはたくさんの櫻の葉が散っていた。その道の真ん中を一匹の黒い1センチ足らずの虫が這っていたのだが、明人はそれをすかさず見つけ、指でつまんで拾い上げ夕陽のほうにかざしながら、誰にいうともなく言った。

「これはゴミムシというんです。まあ、ゴミのあるところにいるからそういう名前がついたわけだけれど、人間にとって害があるわけではないし、かといっていいこともしないという虫だ。だからゴミムシはこの世の中では要らないのかというと、そういうことはない。ゴミムシもいてこの世界の生態系が保たれ、安定した世界になっているからだ。この地球で最も害のある生物は人間なんだよ」

　そういうわけだから、彼が尾瀬旅行を楽しんだのはいうまでもない。当日、彼はつばの広い麦藁帽子にすっかり着古したカッターシャツと半ズボン、そして登山靴というういでたちに大きなリュックを背負ってきた。中には捕獲した虫や魚を観察するプラスチックの水槽（眺めるだけでやがて放流するのだが）、彼らを撮影するデジカメ、あるいはルーペ、捕獲用の網など七つ道具が入っていた。尾瀬で出会いたい昆虫はたくさんいるというのだが、分けても尾瀬沼にしかいないといわれるキイロマツモムシに注目していた。事前に尾瀬保護財団に問い合わせると「（図鑑などに）その昆虫が尾瀬沼にいるという記述はありますが、こちらにはいたという記録はありません」というなんとも心もとない返答だった。しかし、現地に行き、沼だけではなく尾瀬ヶ原一帯を歩き回り、ここぞと思うところを眼を皿のようにして網ですくう。と、そこに引っかかってくるのはマツモムシではなく、ほとんどがキイロマツモムシだった。（私は昆虫のことはよくわからないのだが）マツモムシのほうが一般的なのだ。いずれも楕円形の水生昆虫で、背泳ぎで泳ぐことで有名だというが、尾瀬ではその両方に出会うことができた。マツモムシは1・5センチ程度で茶色っぽいのに対して、キイロマツモムシのほうはそれよりやや大きく、背面も下面も黄色ないし黄褐色で全体がマツモムシよりも美しい。そのほか日本最小のハッチョウトンボ、きれいな空色のルリイトトンボ、お腹が赤いアカハライモリなどなど、下界では見られない高山性の生き物の宝庫であった。

それにしてもなぜ彼は昆虫を愛するのだろうか？　彼は人間中心主義をけん制する〈哲学〉ともいえる次のような考え方を持っていて、このこととひきこもらざるを得なかったことが密接に関係しているように思われた。

「自立という言葉には『何ものにも依存しない、誰にも頼らない』というイメージがある。でも人間は食べ物や水がないと生きていけない。それら人間が生きるために依存している食べ物はみんな動植物だ。だから動植物や環境に依存しないと生きていけないというのが人間だ。そういう風に考えると人間が何ものにも頼らないで生きていくこと（そういうのを自立しているとすれば）は、無生物になることを意味する。つまり自立とは〈死〉ということになってしまう……」

文明をつくるなかで、もっと豊かな生活のために経済を活性化させるなかでいつしか、動植物も環境も水も空気も……そしてすべてのものは人間が幸福になるために自由に使うことができると思うようになった。それは〈権利〉というよりもごく当然の日常茶飯事のことであると。空気だけでなく、すべての動植物を〈空気のような存在〉とみなし、それらに頼って生きているなどと思わなくなってしまった。それは人間しか持ち得ない傲慢さ、奢りなのである……そういう彼の思いはよくわかるし同意するところだ。でもね、もっとゆるく考え、妥協した方が自分を痛めつけず、生きやすくなるのではないの、という思いが私は胸のあたりまで込み上げるのだ。

そういうわけだから彼の主張が「努力するヤツ」とは相容れないのは明らかである。

6　人間は主体的個ではない

第1章のおわりに、「就職コース」少女たちにとても惹かれたこと、そして彼女たちは本章で登場した元ひきこもりの〈少年〉たちとどこかで共通する何かを持っているのではないか、ということを述べた。第2章では「3割」はいる「タイプA性格」を理想としない生徒について触れ、彼らもその延長線上にあると述べた。

ではその共通する何かとはいったいなんなのだろうか。

元ひきこもりの〈少年〉と接する以前は、「なぜひきこもるのだろう」「なぜ不登校になるのだろう」という疑問を持っていた。しかし彼らと点や線、あるときは面で接するうちにこの疑問はまったく反転し、「多くの若者はなぜひきこもることなく社会でうまくやっていけるのだろうか」「なぜ多くの生徒は不登校にならず、学校に馴染むことができるのだろうか」という疑問に変わっていった。それは彼らと接するなかで以下のような感慨を抱いたからである。

一般に〈若者〉といえば、生気や気力に満ち溢れ、はつらつとしたエネルギーと適度の生意気さを持ち、希望ある未来が待っている人というようなイメージがある。しかし、私が出会った元ひきこもりの〈少年〉たちはこのようなイメージに合致しない、むしろこれとはまったく逆で沈痛に打ちひしがれた気持ちを抱え、希望や期待という言葉とは縁遠い人たちであった。もしかしたら近代社会や教育というものが、〈若者〉という年代や単語そのものに対して、先のようなはつらつとしたイメージを持たせ、それがあたかもすべての10代や20代の人たちの実像であるかのように造り上げていったのではないかと思いさえした。

学校教育は若者や生徒に「個人が、個性が大切」「あなたの思うとおりにしなさい」と教えてきた。教師もそれに同調したし、生徒もこれに従った。しかし、学校教育のこの教えは〈真実〉ではないと感じる人がいるのである。このように教える学校教育は人間性を削ぐものとしてむしろ嫌悪感さえ抱く者がいるのである。これに該当するのが「就職コース」少女であり元ひきこもりの〈少年〉たち、そして「3割」はいるという生徒たちである。彼らはともにほとんどといってよいほど「私」というものを「自分」というものを主張しない、「オレが、オレが」「私が、私が」と言わないのである。今日、自己主張をしないでいるともしかしたら社会から受け入れられず、世間から見捨てられてしまうかもしれない、そういうことをうすうす感じながらも自分を主張しないのである。自分を主張して生きるのは、不安で淋しく苦痛なことだと感じているようなのだ。それよりももっと人間同士、この世界とうまくつながってやっていけないものか、自分を前面に押し出すよりも周囲の人や社会と和合感をもちつつやっていけないものかと感じている。それには「自分」を主張することは不要であって、それをせずにいたほうが幸せに生きられる、そう感じているようなのである。

彼らが「私」「オレ」を主張しないのは、それがいいことだと意識しているからではない。そうすることが気質や体質のように人格と一体になって身体にしみついているからである。そしてそれは結果として謙虚さとなって現れてくるのだと思う。私はNSの責任者の方から「これまで自分が会った男の中で、あるいは人間の中で一番謙虚な顔をしている」という評価を受けた男性を知っている。彼は28歳でやはり長いひきこもり生活があって、ようやく週に幾日か働くようになった。彼は口に出すことはないが「俺はだめな男だ。学校にもまともに行けなかったし勉強が好きだったわけでも優秀だったわけでもない。これといって得意な技や人に自慢できるようなものは何ももっていない」という引け目や負い目を抱いている。自分を低く、あるときは卑屈なまでに自分を貶めるときもあるのだが、その顔は明らかに「一番謙虚」という言葉の通りだと思う。ここに登場した元ひきこもりの〈少年〉たちは2番、3番とそれにつながる謙虚さを持っている。そういう人たちと接するとき、もっとこうしたら生きやすいのにと思うのである。

謙虚さの反対側にあるのが「自分はこんなにお金が稼げる」「こんなに能力がある」、だから「自分は偉いのだ」「自分は正しいのだ」という有能感であり、そこから来るのが傲慢さだ。おそらく学校教育は経済につながることを念頭におき過ぎたがために、不本意にも傲慢になるような要素をそのカリキュラムに入れ込まざるを得なかった、そういう側面があるように思われる。だから謙虚さというものを体質的に持っているある種の人たちには学校という場が耐えられないのではないか。また、傲慢な気持ちに出会うと、どんな謙虚な人間の心にも憎悪の念を生むものだ。誰だって自分というものを、自分の人格を尊重して欲しいからだ。しかし学校というところは、ともするとこのような生徒の思いには無関心で鈍感ですらある。そうであるから、こうした学校や社会の体質が〈不登校〉〈ひきこもり〉の一要因になっていくのではないかと思うのである。

第4章　あきらめない若者たち

1「能力、適性」と「自立」の関係

「2011年ひきこもり調査」から

第2章では「2011年ひきこもり調査」の学校に関する項目の結果として、単純集計を示した。それでは学校に関する項目で、大学生とNSなど支援センターとかかわっている若者とではどのような違いがあるだろうか。本節では両者をクロス集計を通して比較したい。

『2011年ひきこもり調査』ではひきこもりを厚労省による次の定義を採用した。

「さまざまな要因の結果として社会的参加（義務教育を含む就学、非常勤職を含む就労、家庭外での交遊など）を回避し、原則的に6ヶ月以上にわたって概ね家庭に留まり続けている状態（他者と交わらない形での外出をしてもよい）をさす現象」

そのうえで調査対象者にひきこもりの有無を聞いた。当初、大学在籍者をひきこもりの経験がない一般群、若者支援センターにかかわっている人をひきこもり経験群と想定していた。ところが回収結果を見ると、当然のことながら大学生にひきこもり経験者がいる一方（なかには8年という人も）、支援センターにかかわっている若者で（ひきこもりの定義に当てはまるものの）「経験はなし」と回答する人、あるいは「ひきこもりあり」としながらその期間が6ヶ月に満たない回答があった。これは回答を自己申告としているためと思われた。自己申告の通りに集計するとひきこもり経験者は調査対象者の20％（50名）であり、彼らがひきこもっていた期間とひきこもりになった時期はグラフ7、8の通りである。

要するに、一般群である大学生はすべてひきこもり経験を持たない人、支援センターにかかわる人はすべて上記の定義に当てはまる人とするのは、実態にそぐわないことがわかった。本調査は「ひきこもり経験群」と「一般群」とを比較するのが目的であることから、「今どのような状況にいるのか」を重視することにし、以下では大学在籍者を「一般群」、支援センターにかかわる若者を「ひきこもり経験群」と表記する。

このように分類した上で、「学校」に関する項目を比較したい。

第一に「学校という場、あるいは制度をどのように思いますか」という質問の結果は次のようであった。「行くべきところ」「どちらかといえば行くべきところ」と答えた者の合計は、いずれの群も9割を超えた（グラフ9）。第二に「学校という場、制度についてどのような印象を持っていますか」という質問では、「とてもいいところ」と答えたのは「一般群」23％に対して、「ひきこもり経験群」

グラフ7

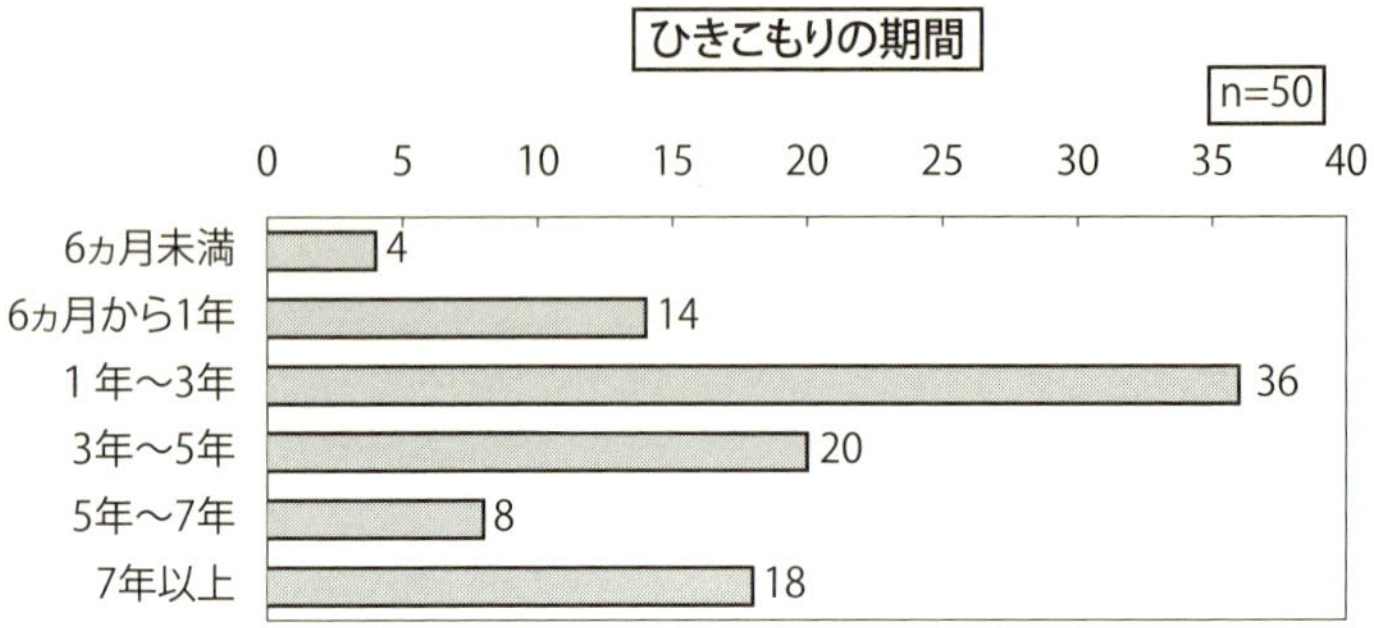
ひきこもりの期間
n=50
0
5
10
15
20
25
30
35
40
6ヵ月未満
4
6ヵ月から1年
14
1年～3年
36
3年～5年
20
5年～7年
8
7年以上
18

グラフ8

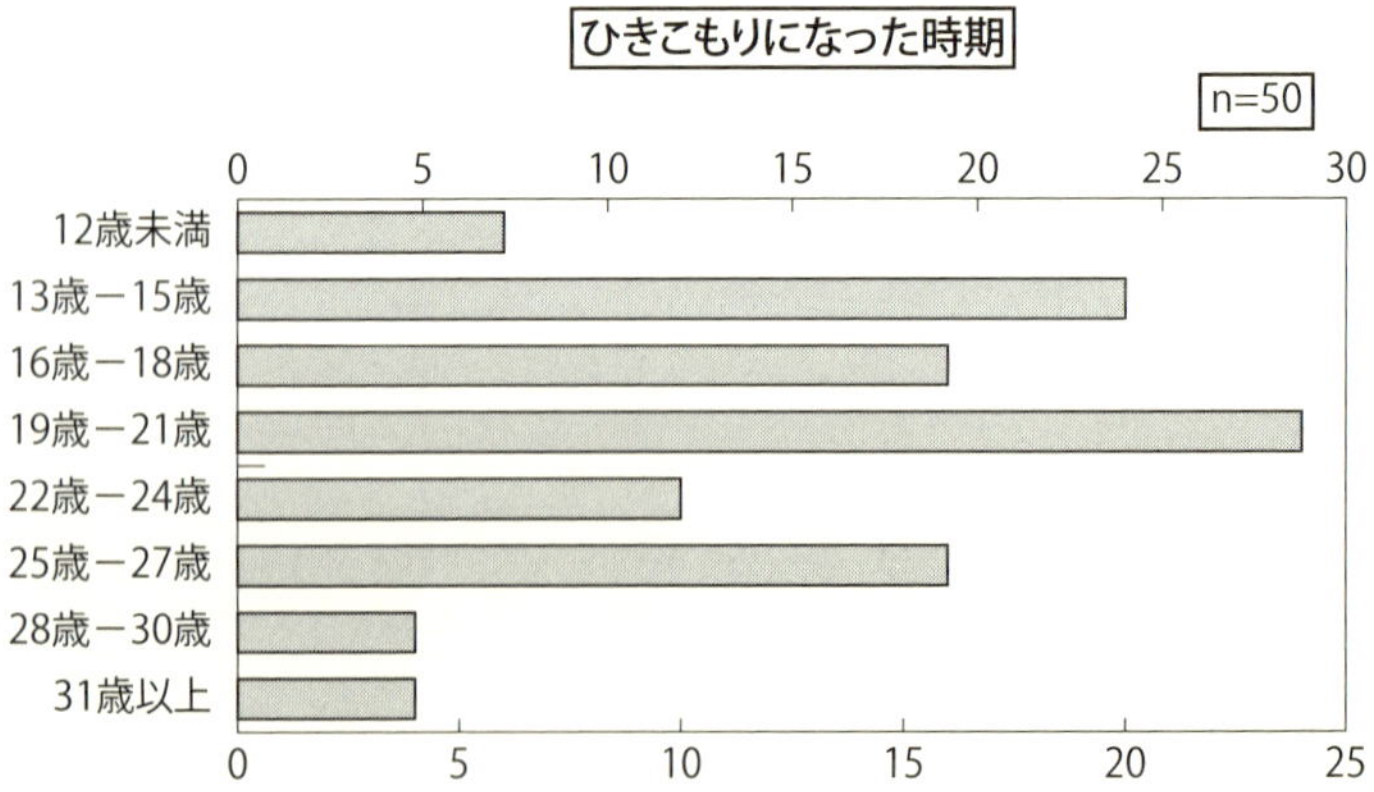
ひきこもりになった時期
n=50
0
5
10
15
20
25
30
12歳未満
13歳－15歳
16歳－18歳
19歳－21歳
22歳－24歳
25歳－27歳
28歳－30歳
31歳以上
0
5
10
15
20
25

グラフ9

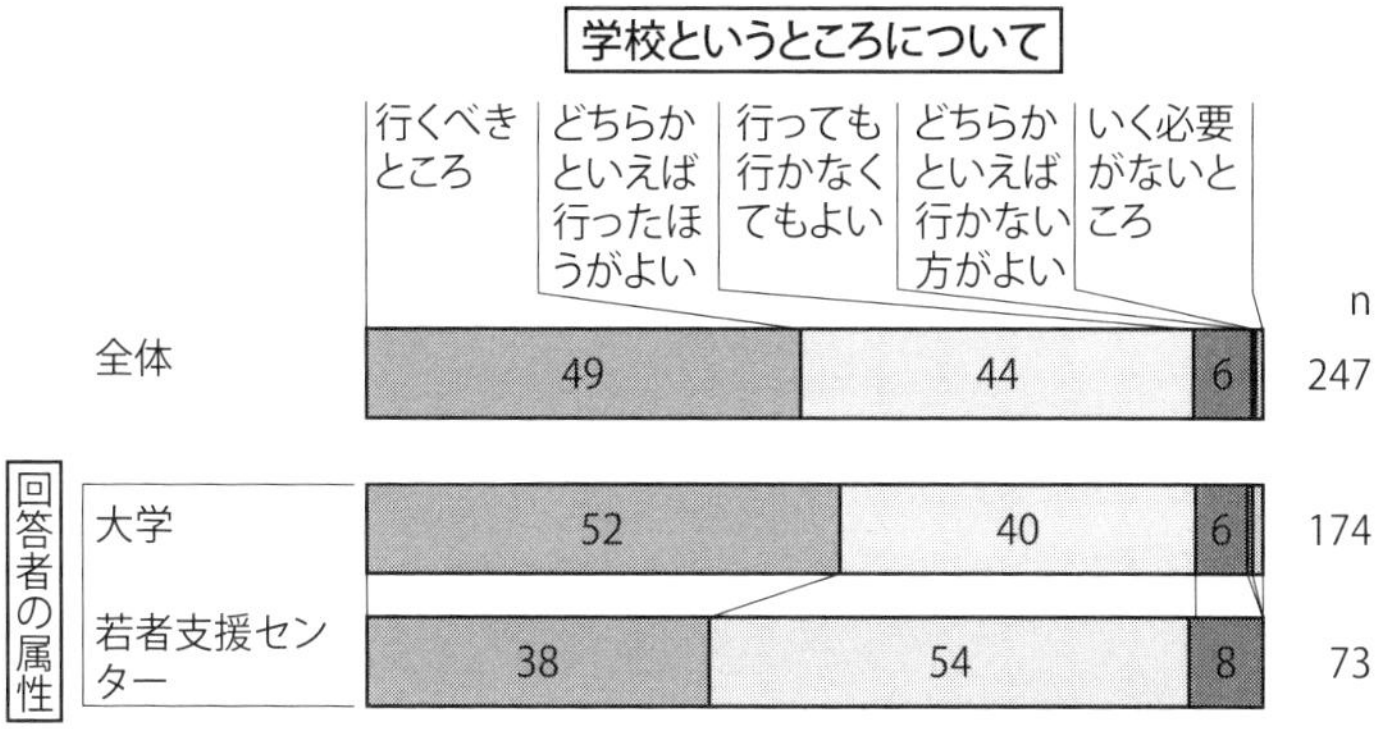

は7％であった（グラフ10）。第三に「学校に対する適切な言葉を10の単語から選んでください」という質問の結果は次のようだった。プラスイメージの単語だけ選んだ人は一般群で37％、ひきこもり群で14％、マイナスイメージの単語だけ選んだ者は一般群で7％、ひきこもり経験群は27％だった（グラフ11）。以上の結果から一般群、ひきこもり経験群にかかわらず若者は学校は「行くべきところ」と捉える傾向が強いが、学校に対する好感度はひきこもり経験群のほうが低いことがわかる。

第四として「学校の役割はどのようなものだと思いますか」という質問の結果をグラフ12に、「学校と聞いてぴったりくる形容詞はどのような単語ですか」という質問の結果をグラフ13に示した。グラフ12から「学校の役割」の回答を見るとひきこもり経験群は「社会に適応した人間の育成」が14％、一般群はわずか5％である。この違いの背景には一般群は「大学生である自分はすでに社会に適応している」と考えてい

グラフ 10

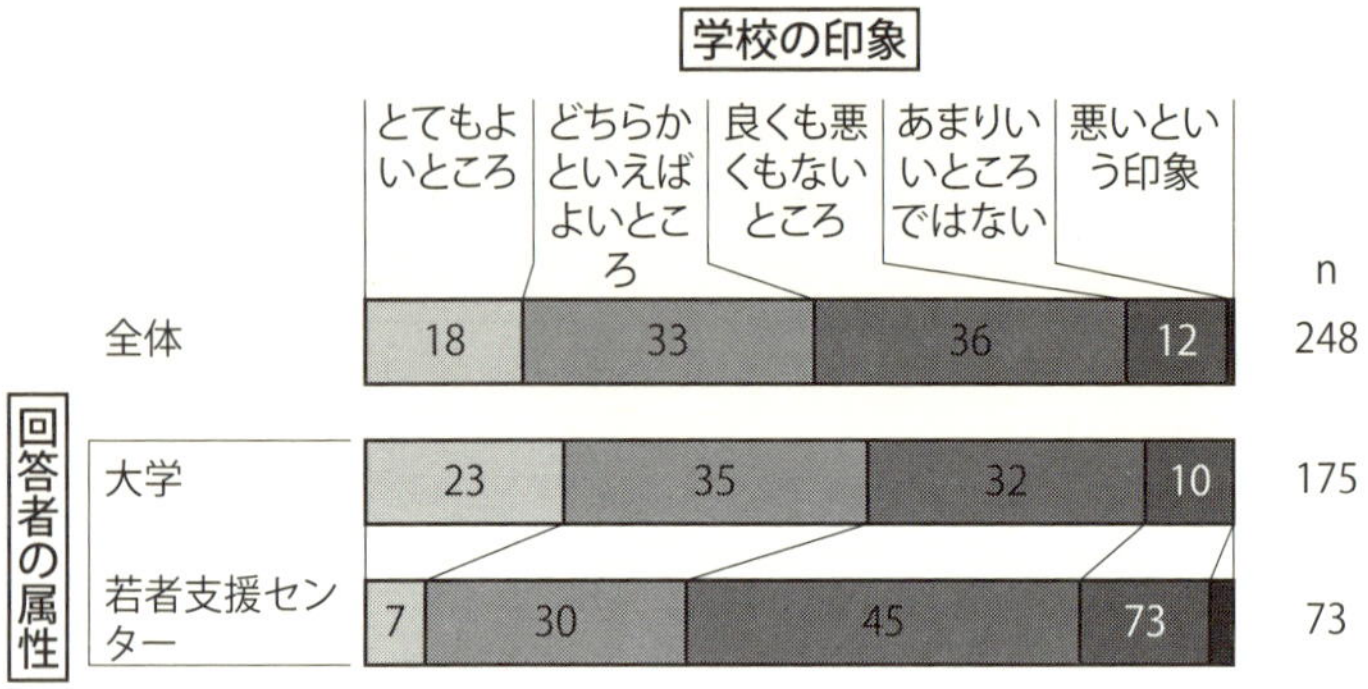
学校の印象
とてもよいところ
どちらかといえばよいところ
良くも悪くもないところ
あまりいいところではない
悪いという印象
n
全体
18
33
36
12
248
回答者の属性
大学
23
35
32
10
175
若者支援センター
7
30
45
73
73

グラフ 11

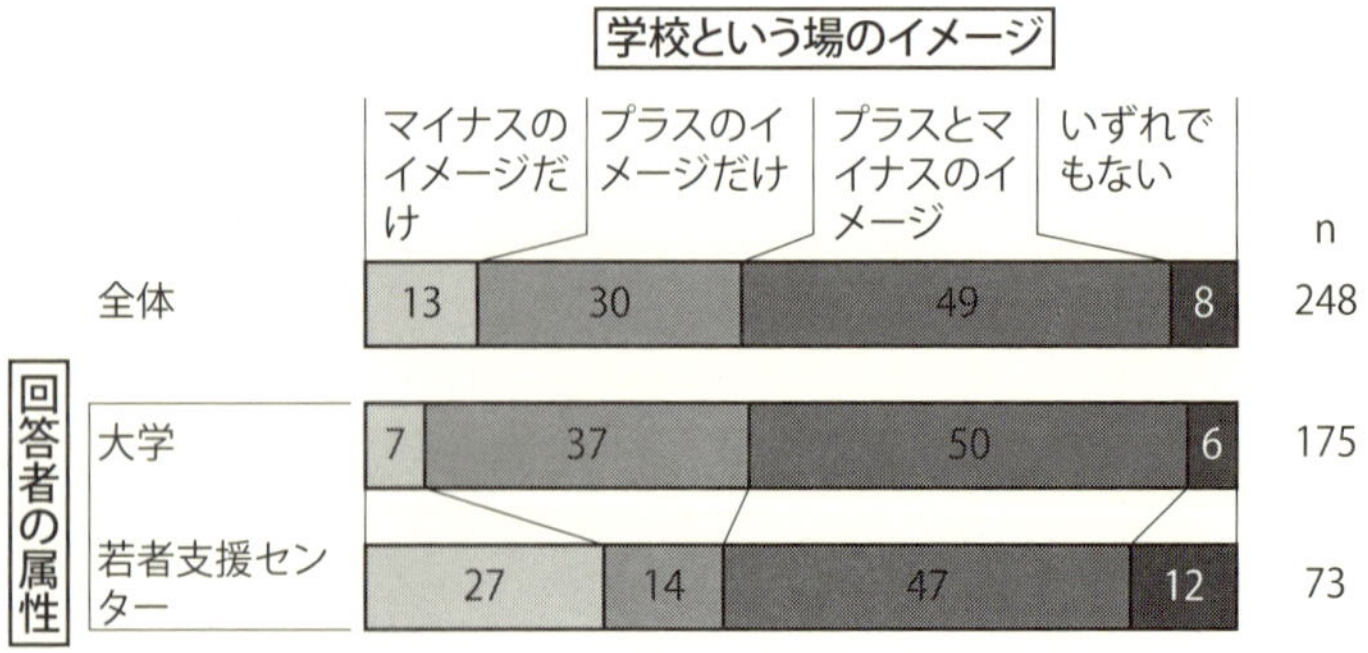
学校という場のイメージ
マイナスのイメージだけ
プラスのイメージだけ
プラスとマイナスのイメージ
いずれでもない
n
全体
13
30
49
8
248
回答者の属性
大学
7
37
50
6
175
若者支援センター
27
14
47
12
73

グラフ 12

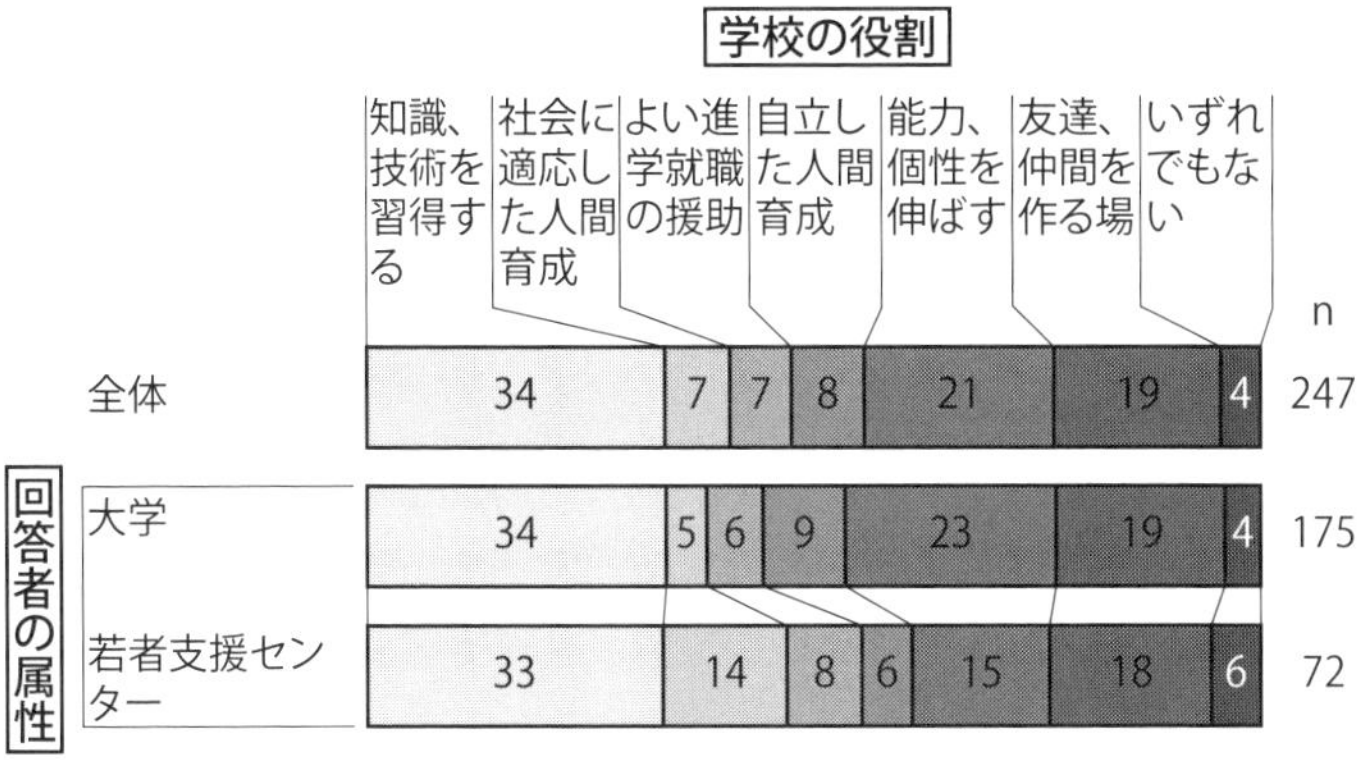
学校の役割
知識、技術を習得する
社会に適応した人間育成
よい進学就職の援助
自立した人間育成
能力、個性を伸ばす
友達、仲間を作る場
いずれでもない
n
全体
34 7 7 8 21 19 4
247
回答者の属性
大学
34 5 6 9 23 19 4
175
若者支援センター
33 14 8 6 15 18 6
72

グラフ 13

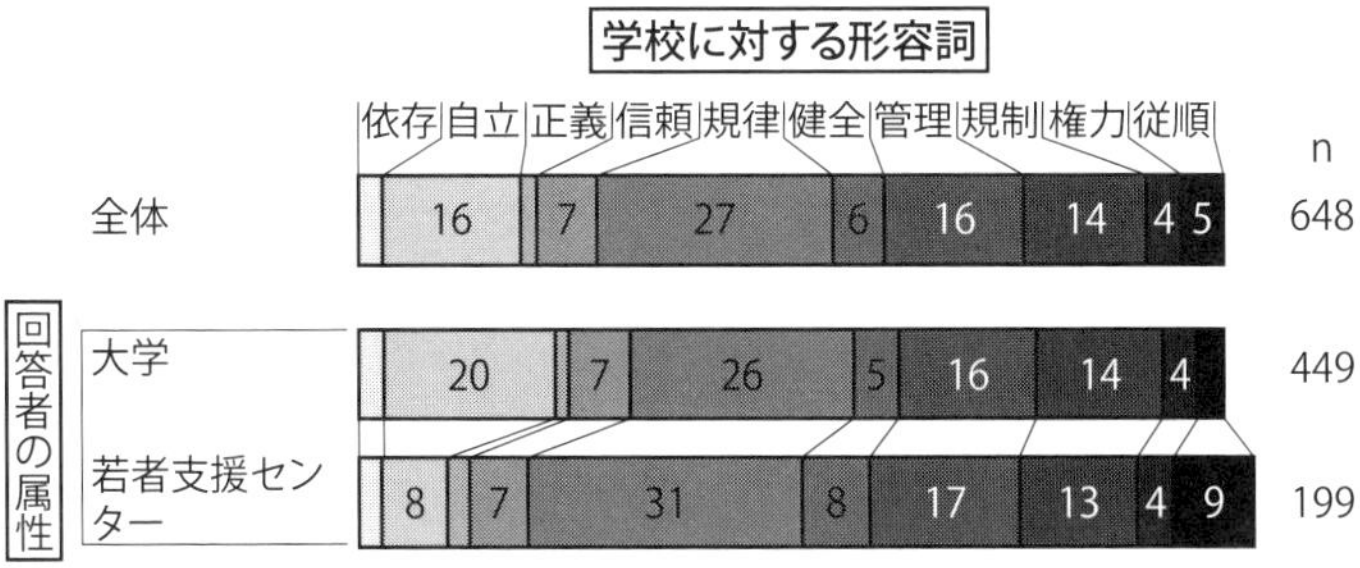
学校に対する形容詞
依存 自立 正義 信頼 規律 健全 管理 規制 権力 従順
n
全体
16 7 27 6 16 14 4 5
648
回答者の属性
大学
20 7 26 5 16 14 4
449
若者支援センター
8 7 31 8 17 13 4 9
199

る一方、ひきこもり経験群は「自分はこれから社会に適応していかなければいけない」と考えていることが推測できる。次に「能力、個性を伸ばす」は一般群が23％、ひきこもり経験群は15％である。この違いの理由として一般群である大学生は「これから能力、個性を見極め、それを伸ばし、自分にあったよりよい職場を獲得していきたい」と考えているからと思われる。それに対してひきこもり経験群が「能力、個性を伸ばす」が少ない理由は次のように考えられる。

第3章の終わりで元ひきこもり〈少年〉たちは自分というものを主張したり、自分の個性や能力を仕事と結び付けたりする傾向が少ないと述べた。自分の個性や能力があったとしても、またそれを伸ばすことは楽しいことと感じていたとしても、そうだからといってそのことを賃金を稼ぐ仕事に結びつける傾向が薄かった。一般群とひきこもり経験群とが思いや考えを異にするのはこのあたりが起因しているのではないかと思われる。

「学校に対する形容詞」としてどのような単語を選んだかを比較すると、両群の違いとして特徴的なことは次の点である。「自立」を選んだ者が一般群は20％なのに、ひきこもり経験群はわずか8％ということだ。本調査では「自立」という単語を定義して用いたわけではないが、一般的には「自分で稼いで独り立ちできること」と捉えるのではないか。そうであるとするなら、一般群の大学生は「能力、個性」を伸ばし、自分に適した職を獲得し「自立」の糸口をつかむことが学校でのもっとも大きな役割と考えていると思われる。それに対してひきこもり群の捉え方は少し違っているのではないか。

「能力、適性」と「仕事」は別

元ひきこもり〈少年〉たちは謙虚で物欲、金銭欲、競争心が低い人が多いということを第3章で述べた。このような性格を持つ彼らは「自分はこんな能力がある」とか「自分はこんなにお金が稼げる」という気持ちも薄い。このことをもって彼らを「負け組」と呼ぶのは適切ではない。むしろ彼らと接していると〈生存競争への嫌悪〉というようなものを感じるのである。

今日多くの学校では「自分の将来を早いうちから真剣に考え、自分の適性、個性、能力を見極め、妥協せずに目標を実現させること」が根幹的理念のようにいわれる傾向がある。ここでは「生徒、学生には誰にでも個性や能力があるはず」ということが前提にされ、そういった能力や適性を生かした仕事選びをするのが望ましいと考えられている。しかし高校など学校現場では、15〜18歳くらいでその人の適性や能力がどのようなものかを見極めるのはどこまで可能なのか、また何を持って適しているとするのか、どのくらいであれば能力があると判定できるのか（たいていは他の生徒よりも相対的に上という程度のあいまいなものではないか）というそもそもの問題は置き去りにされている。それでは綿密な調査によって生徒の適性が正確に特定され、すべての生徒がそれに見合った仕事に就けたとして（これはほとんど不可能だと思われるが）、それが〈真〉にハッピーといえるだろうか。そういう問いも立てられることがない。

学校現場では適性とは何か、能力とは何かなどということを真剣に考えるよりも、どの学部、どの学科、どのコースに進むか、そこでどのような資格が取れ、どのような就職先があるのかというところに収斂していく。その先にあるのは自分をより高く買ってくれる企業にみずからを売り込むという就活がある。

思い起こしてみると30～40年前は大学も含め学校時代、「あなたの能力と適性に合った仕事を選びなさい」という指導をすることはほとんどなかった。「食べるために稼ぐ」というのが一般的であったし、〈本当に〉自己の能力や適性を職業にできるのはごく限られたよほどの人たちであり、それも一種の賭けの要素がなくはなかった。だから私のようなごく普通の生徒たちは「好きなことや得意なこと、やりたいことがあるのなら趣味でおやりなさい」と言われたものだ。賃金労働とは能力や適性とは別の要素で選ぶものであって、ともかくもどのようにどのくらい稼ぐのか、稼げるのかが問題にされた。「能力、適性」と「仕事」は別とされていた、そのような時代がつい最近まであったのである。そう考えると元ひきこもり〈少年〉たちは、このあたりの感覚をダイレクトに引き継いでいるのではないかと思われる。

第3章で紹介した〈34歳の少年〉タカシが、とつとつとした字体で書かれた履歴書を見せてくれたあのシーンが思い出される。彼はきらりと光るタレントを持ち合わせながら、それらを少しも賃金労働に結び付けようとしないばかりでなく、一言でいえば「雑用」のアルバイトに5つ応募しながら一つを除いてすべて不採用になったことを話してくれた。そのときも「自分にはこんな雑用よりももっと適した仕事があるはずだ」「もっと自分を生かした仕事をやりたいのに」などという嘆きの文句をまったく洩らすことがなかった。彼の中で「個性、適性」と「仕事」は結びついていないのだった。

内閣府調査と分析

本書のテーマである〝ひきこもり〟は、１９９０年の半ばごろからその増加が急に注目されるようになった。「ひきこもり」という用語が一般化したのは平成年代に入ってからだ。ひきこもる原因や背景は判然としないといわれる。また「ひきこもりは誰でもなる、取り立てて理由もないし、たまたまそうなってしまっただけ」といわれる［注1　青少年自立援助センター理事長、工藤定次は『ひきこもり支援ガイド』（森口秀志、奈浦なほ、川口和正編著、２００５、晶文社）の中でこのように述べている］。そうだろうか。本当にひきこもりになるのに何の理由もないのだろうか。

90年代の半ば私は高校2年生のクラスを受け持ち、そこですでに1年生のころから不登校気味だった女子生徒と出会った。彼女は教室に入って授業を受けられないということのほか、他の生徒とまったく変わったところがなかった。まったく神経質なところがなく、実におっとりした、むしろニコニコしている色白な少女であった。そのうち保健室登校もままならなくなり、学校にも来なくなり、退学して行った。不登校とひきこもりはイコールではないが、とても近いところにある。彼女自身にもなぜ学校に来られないのか理由がわからなかったのかもしれない。しかし何の理由もなく9割もの若者が「行くべきところ」とする学校に来なくなるとは考えづらい。また、元ひきこもり〈少年〉と接するなかでやはり彼らがひきこもったのには何らかの理由があるのではないかと感じるのである。

２０１０年（平成22年）内閣府は『若者の意識に関する調査（ひきこもりに関する実態調査）報告書』［注2　平成22年7月、内閣府政策統括官（共生社会政策担当）］を出している（以下「内閣府ひきこもり調査」と呼ぶ）。これに先立つものとして、厚生労働省の『「社会的引きこもり」に関する相談・援助状況実態調査報告』がある。内閣府の調査が厚労省のそれに比べ大きく異なる点は、厚労省はひきこもりを精神病理概念にもとづいて障害や病気の範疇で捉えているのに対して、内閣府は一般社会を母体として捉え、疾病概念では考えない点だ。つまり、厚労省は病気や障害の人たちを調査対象者にしたのに対して、内閣府は普通の若者（今回の場合は、15～39歳の人５０００人を対象）にしているということだ。

ひきこもっている人がいったん病院や診療所を訪れるとうつ病であるとか社会適応障害、社会不安障害というように何らかの診断名を付けられてしまう。もちろんそういった病気の場合もなくはないから、病名が確定した時点で的確な治療の道が開けることもある。しかし、『内閣府ひきこもり調査』によると「普段は家にいるが、自分の趣味に関する用事のときだけ外出する」人が全国推計で46万人いるという。これは全国推計のひきこもりの人たちの65％に当たるのだが、この65％に当たる〈ひきこもっている人〉というのは、病気や障害が原因とはいえないのではないか。だからひきこもりを精神疾患、障害というカテゴリーで捉えるのはひずみが生じ、無理があるということだ〔注３　臨床心理士、高塚雄介は『ニュースタート通信』２０１１年１月号でこのことを述べている〕。本論も疾病、障害カテゴリーではないという立場に立つものである。

現代社会では当たり前の価値観

『内閣府　ひきこもり調査』の学校に関する質問結果を見ると「ひきこもり群」は「学校で我慢することが多かった」が55・９％と多くなっている。これは一般群（20・９％）の倍以上だ。私が聞き取り調査をしたなかに、半年ほどのひきこもり経験のある山口勇さん（仮称23歳）がいる。彼は学校の印象について「学校は基本学ぶところ、友達をつくるところです。行かなければ行けないところだと思うし、実際ただ行っていただけ。学校自体が小さな社会で、僕としては悪い印象しかない」と語ってくれた。彼は学校に対して〈悪い〉印象を抱いているのにもかかわらず、法的にも社会通念的にも行かなければいけないところなので我慢して行っていたのである。

『内閣府　ひきこもり調査』の企画分析委員であった高塚雄介は、報告書に興味深いコメントを載せている。それは「ひきこもり群」は家庭において特に問題性は感じられないが、親も子どもの教育に熱心にかかわろうとしている。しかし、子どもは早くから自立することを求められており、その反動から学校社会では対教師や対友人とのかかわりに問題が顕在化しやすいのではないかと述べている点である。

今日、一般群、ひきこもり経験群にかかわらずほとんどすべての若者は、早くから自立することを求められている。しかし、早くから自立することを求められることによって、ひきこもり群のほうがより学校や対人関係に問題性が現れてくるのだとしたら、そこで問題なのは早くからの自立を要求することは是か非かということ、つまり早くから子どもに自立を要求することそのものが、彼らにどのような影響を及ぼしているのかを問わなければいけないことになる。

また高塚は次のような指摘をしている。

「現代社会は人間関係を重視し（実際はどんどん希薄化しているにもかかわらず）スムーズにそれを実践できないことを異常なこととみなしてしまうところがある。また、今日の社会では内面世界を適切な言葉に置き換え、他者を説得できるコミュニケーション能力を育むことが当然視され、それらができないことはあたかも欠陥商品として放逐されかねない社会環境が進行している。こうした現代社会において当たり前とされる価値観の進行が『ひきこもり』になる若者たちにとっては、実に生きにくい社会になっているのではないか」

この指摘で重要な点は、「人間関係構築能力」や「コミュニケーション能力」が現代社会において当たり前の価値観とされていることに対して、それは本当に普遍的真理といえるのかと疑っている点である。その上でこのことが「不登校」や「ひきこもり」を生み出す要因になっているのではないかと指摘していることだ。「人間関係構築能力」「コミュニケーション能力」に加えて「子どもに早くから自立を要求すること」もまた現代当たり前とされる価値観である。

先に『2011年ひきこもり調査』の「学校を形容することとしてぴったりくる言葉」として「自立」という言葉を一般群は20％の人が挙げたのに対してひきこもり経験群は８％だったことを述べた。この数字の違いは「自立」をどのように捉えているかの相違であると思われる。一般群は「自立」を自分の将来を安定させ、幸福にしていく言葉と捉えている、言い換えるなら現代的価値観として肯定的に捉えていると推測される。これに対してひきこもり経験群はこの言葉を現代的価値として認めるものではあるが、「自立するのは当然のこととは思えない」むしろ「自立は苦しいこと、受け入れがたいこと」というように、否定的に捉えているのではないか。さらに「能力、適性」を将来の仕事につなげ自分で稼いでいくという現代的価値観にも疑いの目を向けていると思われる。

２　〈あきらめる〉ということ

レンタルお姉さん

『２０１１年ひきこもり調査』では、ＮＰＯ法人ニュースタート（第３章参照）の若者も対象者とした。ここに来る元ひきこもりの人たちの多くは、「働き、仲間、役立ち」をモットーに合宿型の共同生活をする。彼らをここまで導いてくれる存在として重要な役割を果たすのが「レンタルお姉さん」である。彼女たちが展開する「レンタル活動」という独特の方法によって多くの若者がここにやってきたのである。

レンタル活動とはどのような活動なのだろうか。

まずひきこもりの子どもを持つ親御さんからＮＳに電話などで相談が来る。それを受けてスタッフは親御さんと面談する。親御さんから「サポートをお願いしたい」という依頼があれば、レンタルお姉さんのうち誰がその子の担当になるかが決められる。それを受けてレンタルお姉さんは、最初は手紙や電話で本人に直接コンタクトを取り、その後徐々にその子の家とか近所の喫茶店などで会っていろいろ話しをする。そして一緒に外出したり、遊園地などに行ったり、時にはアルバイトをするなどその子に合った体験をさせ、次のステップに繋げる橋渡しをする。最後はＮＳまでやってきて寮に入り、他の若者と共同生活をする。その辺までの一連の活動をさしているのだが、そこまでの道のりが

1年半、時として2年にも及ぶ場合も珍しくないという。

レンタルお兄さんというのもいる。けれども「お父さん」はまずありえなくて「お母さん」もない。前者は家父長制を引きずっているイメージが強いし、後者は口やかましそうだからだ。家族の中でもっともやさしく、じっと背後から見守ってくれそうな優しい存在として「お姉さん」がいる。しかも親には言えないことでもいうときは言う厳しさとおせっかいなところを併せ持った人として適役というわけだ。さらにNS元代表二神能基は、次のような興味深い指摘をする。つまり、ひきこもりとは適性と個性に合った正規雇用を確保することが重要という〈20世紀的価値〉に縛られ、それが得られない結果生じるという側面がある。この〈20世紀的価値観〉は女性よりも男性のほうがより縛られ易く、女性は往々にしてこの呪縛があったとしても男性よりもずっと緩やかだし、むしろそれを解きほぐす役回りが適している。従って「お兄さん」よりも「お姉さん」がベターなのである。

彼女たちがこの仕事に行き当たる経緯として、もちろんみずからがひきこもりであったという場合もあるが、そうではない場合のほうが多く、また、レンタル活動がうまくいくのもピア（同種の）の関係ではない場合が多いと聞いた。そうではない場合というのは、彼女たちは学卒後一度は普通に就職するものの、労働現場とか職場での労働観とつぶさに接するうちさまざまな疑問を抱き、転職して行く。そうして行き着いたところにこの仕事があったというケースだ。ちなみにレンタルお姉さんは商標登録しているが、取得すべき資格はない。

私は何人かのレンタルお姉さんを知っているが、「お給料は安いけれど精神的に満たされる仕事だ」と語ってくれた。そのうちの一人那須多恵子さん（仮称30歳）もまた、学卒後一般企業に就職したもののさまざまな疑問や矛盾に突き当たり、NSにたどり着いた。「苦労知らずで、家の手伝いなどよりも勉強ばかりしてきました」と語る。このような道に足を踏み入れてしまったのは、自分の中にも少なからず〈ひきこもり〉に共通する何かしらがあるからではないかと分析する。卵形の顔に切れ長の目で実におっとりした人である。彼女はごく自然な口調で「当たり前のように大学院まで進んだが、仕事が面白いと感じられないばかりか職場にある種の違和感を抱いていた」とも語った。きっとそう感じた時が那須さんがこの道に足を踏みいれた出発点なのであろう。以下では彼女の口から語られたことをもとに、ひきこもりの人たちにより接近していくことにしたい。

「ザ・ひきこもり」はどこに行ったのか？

那須さんはレンタル活動の状況を次のように語ってくれた。

「私たちはどこの相談所、NPOでも受け付けてくれないような大変な人をよく訪問しています。そしてこの業界ではまだひきこもりを厚労省のように病気概念で捉える立場と内閣府のように病気概念では捉えない立場とが対立し、解釈も二分されています。私はもちろんひきこもりは精神疾患ではないと考えています。

近年『ザ・ひきこもり』というのが本当に少なくなりました。『ザ・ひきこもり』というのは10年以上もひきこもっていて、髪も長く、服装も構わなくて、太陽にも当たっていなかったから青白くって、いかにも世の中と無関係に生きてきましたという、浮世離れした感じの人のことです。こういう人たちが最近は少なくなりました。というよりもNSで見かけなくなっただけで、きっと社会にでてこないでじっと家の中にこもっているという人はいると思います。だからひきこもりは減っているのではないと思います。その代わり『自分は何をやってもだめ、就職も仕事もうまくいかない』と思いつつ、それでもまだ普通に社会に出て働いていきたい、そういう風に一般社会にしがみついている人がNSには増えています。『ザ・ひきこもり』の人はそういうことはほとんどありません。自分がこのあと普通に社会にでてうまくやっていけるなどという考えはとっくに棄てているからです。

この現象は社会全体で問題が軽いうちに気軽に相談できるところが増え、さらに同じような支援団体が増え、ニーズによって彼らが細分化されていったからひきこもりを見かけなくなったためなのかも知れませんがはっきりしたことはわかりません。全体的に需要が減っているわけではないけれど、地域でひきこもり支援を行うところが増えたためレンタル活動の依頼は減っています。このような理由のほかにレンタル活動に費用がかかるという問題は大きいです。より安く引き受ける支援団体が増えたからかもしれません。ここ数年『ザ・ひきこもり』のような人は見かけなくなり、いまどきの若者となんら変わりのない、常識をおさえた人をよく見かけるようになりました。

NSでは寮生（寮で生活する元ひきこもりの若者）はもちろんスタッフも『スーツを着ると、NS独自の雰囲気を乱す』という思いをみんなが持っていたので、ジーンズとTシャツというラフなスタイルがごく普通でした。ところが支援のシステムが変わり、システム活用組（後述する新しいシステムのこと）の若者が入ってくるようになったころから、雰囲気も変わってきました。例えば、大卒の人たちはいまどきの就活の風潮から、就職面接のときはスーツを着る人がいます。そうするとこれから自分も面接に行こうと思っている人もスーツを着て面接に行ったほうがよいと思うのです。NSで大事にしていることは、スーツを着て働く〈労働〉ではないのですが、普通の大卒の人たちの風潮に引きずられてしまうのです。

私たちのレンタル活動でＮＳに来る人というのは個人、一人で来るのが普通でした。でも２０１０年からはじまった新しいシステムだと、一括で10人ほど募集するので時には同期のその10人が固まって行動するということがあるのです。一人でやってきたから〈あきらめている〉というわけではないのですが、そういう人はいい意味で〈あきらめた人〉が多いのです。あきらめた人というのは第一に普通の若者が持っているようなプライドがない。一般社会では『これが幸せ』という像があるじゃないですか、就職して結婚して、子どもを生んでというような理想像というものが。みんなそれを〈幸せのモデル〉にしますよね。でも彼らはそれがそのまま自分の幸せであるとは考えないのです。多分幸せの形は人によって違うということがよくわかっているのだと思います。第二に学校の成績を上げるというような意味での向上心がないのです。何かに興味関心を持って熱心に取り組む場合、『それが面白そうだから』という、ごく自然な動機から始めるのです。取り組んでいることですごいなあと思う能力を見つけることがあるのですが、でも彼らはそういった自分の能力、個性をひけらかさないし、第一そういう能力があるのかどうなのかということにこだわらないのです。だから、当然自分の能力を仕事に生かそう、これで稼ごうなどという発想を持たないのです。自分が関心があるのだからそのことに熱中する、ただそれだけです。それによってほめられることを期待しないし（もちろんほめられたら嬉しく励みになりますが）、ましてや成果や業績をあげることにも結び付けない。自分の能力や適性は社会的ステイタスは別と考えているのです。

私などこの仕事をしてからかなり考え方がやわらかくなったとは思うのです。でもNPOで働いているけれどこんな私でよいのだろうかと思ったり、資格や免許など肩書きの中に自分を安住させたいと思ったりする欲求がどうしてもあるのです。それに対して〈あきらめた〉彼らは、社会の価値観に自分の生き方が流されたり、左右されたりということがない。だから能力を生かした仕事に就けなかったから、非正規雇用やアルバイトしかないからといって落ち込むことはないのです。もともとNSでは『働く』ということを『食い扶持を稼ぐ』ことと捉え、食い扶持を稼ぐ以外の時間は人生を充実させるための時間にしようというように考えてきました。だから私は彼らを見ていてとても人間らしく、自分自身を生きているのだと思います。今度の震災によって価値観が変わるといわれますが、日本も上昇志向をあきらめて貧乏になりあうことを考える時期なんですよね」

仮面をかぶった若者

那須さんによれば、いい意味で〈あきらめた人〉になることが大事なのである。〈あきらめた〉人とはどのような人かといえば、ひきこもっていた自分を「ひきこもっていた」とそのまま認められる人、ひきこもるようになった経緯も、ひきこもるような人格、性格、感性そして考え方もその後の仕事のありようもすべて含めて「それよりほかにやりようがなかった」と自分で自分を許容できる人のこと、普通に（正規雇用として）就職し、仕事をしていくことを拒否し、そのコースからすすんで降りた人のことである。

〈あきためた人〉に対して〈あきらめない人〉というのがいる。本質的には〈あきらめた人〉と

〈あきらめない人〉は同じ体質や感覚を持っている。どこが違うのかといえば、後者は「自分は常識をおさえた若者である、みんなと同じ幸せを手に入れたいし普通に一般社会で仕事をして生きていけるのだ」と信じている点である。つまり〈自分は普通の若者〉という仮面をかぶっているかいないかという点である。仮面をかぶった人は時として明るく冗談を言ったり、知識もあったり、イケメンだったりする。でも、就職や仕事継続に際してうまくいかないことがあるとひきこもってしまう。ひきこもってＮＳなどにやってきた後でも、どうしても〈普通の若者〉という思いとプライド、自分の適性、能力にこだわってしまい、それが棄てられない。うまくいかないのはプライドや自分へのこだわりのせいであることがわかったとしても、それが棄てられないから苦しむことになる。それらをきっぱりと棄ててしまったら、普通の若者を装っている仮面をすっかり取ってしまったらとてもラクになる。しかし、どうしてもそれができない人のことである。

このようにどうしても仮面をつけたままの人がいるのだが、ことに10代だと親の意向を知らず知らずのうちに受け入れ、親の意向に沿うよう「いい子」を演じる、そうしているうちにそれが自分の考えだと思ってしまう場合がある。

那須さんがレンタル活動を行ったＳ君（高校1年、15歳）がこれに当たるという。

Ｓ君は中学1年から不登校になった。彼の父親は高校の物理、母親は小学校の教師だ。母親は若くてふんわりとした優しい雰囲気を持つ女性である。しかし、不登校になったころからＳ君は母親に暴力を振るうようになり、「一緒にいるといらいらする」と言って軽蔑するようになった。暴力がひどくなったころ、両親からＮＳに依頼があった。Ｓ君はたいそうイケメンでとても整った顔立ちなのだ。

しかし人から「タレントになればいいのに」といわれるのをひどく嫌う。また、「ハンドボール投げで校内の記録を塗り替えるほどの距離を飛ばしたんだ」と話したことがあった。「そう、すごいのねえ」と言ってほめると「でも、僕よりももっと遠くに投げる人はいくらでもいるよ」と冷静に反応してくる。S君はどうやら自分のよさを素直に認め、受け入れることができないようだ。それでもレンタル活動を繰り返す中で、NSの元ひきこもり〈少年〉たちとも懇意になり、一緒に活動するまでになった。それに伴って彼の気持ちも和み、安定してきた。

そうこうするうちにS君も中学3年になり、高校受験を考えるという時期になった。両親は彼に適した学校を探し、ある高校をその候補に選んだ。S君は同校を受験するも失敗する。失敗経験によって、それまで安定し、前向きになっていた気持ちが一気に不安定になっていった。両親は再び学校探しをはじめ、不登校の子どもが多く通う高校を彼に薦める。再び受験し、今度は合格するのだが、S君は入学式だけは行くものの再び不登校になった。このことによってS君だけでなく母親も気持ちが不安定になり、〈うつ〉のような状態になっている……。

S君の両親は「いい学校に行って、いい就職をすることが幸せな人生だ」と信じている。この考え方に沿って息子には「自分で考えて自分で決めて実行する子」を理想として育ててきた。しかし、彼は不登校になってしまった。そこでレンタルお姉さんが登場し、「いい学校、いい就職路線」から降りるよう、その路線に戻るのをあきらめる方向に誘い出してくれた。おそらくそこから降りた道を行く方がS君に適していたのであろう、彼は元ひきこもり〈少年〉たちとも仲良くなり、もう少しで仮面を脱ぎ捨てられるところまでやってきたのである。しかし、教員である両親はどうしても自分たちの考え方、やり方を変えようとしなかった。というよりも、やり方を変えたら息子は不幸になる、息子の幸せはこの道以外にないと信じていたからに他ならない。10代であるS君は知らず知らずのうちに親の意向を受けれ、その通りにしてしまったようだった。

仮面を脱ぎ捨てた人

〈あきらめない人〉は、本質的にはひきこもりの人と同じ要素を持っている。にもかかわらず、というよりもそういったことに気がつかないがために社会通念にしたがって生きることを望んでしまうのである。自分の体質に合わない道を生きているため、当然のことながら辛さを感じる。彼らの中には、仕事とは大変厳しく辛いもので、それにもめげずに取り組むことが大事だと生真面目に考えてしまう人が多い。そう考えると職種や業種への適性、強い動機は必須条件だと思い、そういう条件に適合した仕事を見つけることこそがまずは必要であるという道筋を立てることになる。そのような道筋を立てる人は「(男だったら)自立しなければ」「生半可な気持ちでは自立できないのではないか」と考えるのである。女性だったら結婚して主婦になることで簡単に市民権が得られ、「自立」など論じるに値しない(論じる権利がない)人生を手に入れることができるというように、男性とはまったく非対称的な位置に置かれている。にもかかわらずそういう自分の位置を疑ったり、相対化したりする視点を早々に剥奪されている。それが今の若者の偽らざる姿でもある。そういうことだから彼らは高校、大学と進むなかで就業に対する恐れや、自分の能力、意欲、個性に対する不安が掻き立てられ、いくつもの条件をクリアしなければ仕事などとても勤まらないのではないかという気持ちを抱くようになるのである。就活によってみんなが就職を決めていく、自分だけができないのは自分の心に問題があるからではないか、自分の能力が劣っているからではないかと思うようになる。みんなと違っている自分を見つめ、疎外感を覚え、それでも誰かに助けを求めるのを躊躇し、その結果落ち込んでしまう……。そのようなとき彼に「仮面を取ったらいいのに」とそっとささやいてくれる人がいたらいいのかもしれない。

私は先日32歳のニート、ひきこもり経験者だと自認する男性、Nさんに出会った。目深にニット帽をかぶり、黒縁のめがねをかけていたのでにわかには彼の人相も表情も読み取ることができなかったのだが、話すほどにたいそう謙虚で心が落ち着いた人であることがわかってきた。彼は「ニート、ひきこもりも一種の障害者です」と語った。

「大学ではIT企業に就職をと考えていたため、当然のようにそのコースを選びました。でも就職してみると、仕事はPCとにらめっこする毎日で、まったく人と接することがなかった。仕事場を離れたら仕事のことなどいっさい考えたくない、それほどストレスがたまっていったのです。そういうなかでいつしか仕事が続けられなくなり、やめてしまいました。3～4年ひきこもっていました。今考えると大学時代は子どもだった、現実というものがまるきりわかっていなかったのです。

ひきこもっているうちに30歳を超えました。そのとき俺は社会的に終わった人間なのだと思った。自分にできることとは何かと考えたり、選んだりできる道は閉ざされたことがはっきりわかったのです。だから社会に出て当たり前の道を生きていくことをあきらめました。何もしない日が続きましたが、それを乗り越え、いろいろなことをやっていくなかで介護職という道が開けてきました。大学ではまったく考えてもいないことでした。これをやる前は女性の仕事だと思っていましたが、今、介護職は男女の垣根が低くなっています。また、高齢者はいろいろな人生を歩んできたことから男性のヘルパーのほうが接するのに適した高齢者というのもいることがわかってきました。普段は気難しい人から『ありがとう』と感謝されると、仕事の大変さを忘れることができます。そういう経験を積み重ねるうちにこれなら自分にもできると思いました。始めてまだ7ヶ月だけれど、自分のなかにこれまで気がつかなかった感覚というもののあることがわかってきたのです……」

「社会的に終わった」と感じ「当たり前の道を生きていくのをあきらめた」時、Nさんは同時にかぶっていた仮面を脱ぎ捨て、〈あきらめない人〉から〈あきらめた人〉になったのである。

ひきこもりという人種

繰り返しになるが、ひきこもりには〈あきらめた人〉と〈あきらめない人〉とがいる。何かのきっかけでひきこもる可能性を秘めている人もいる。これまで〈ひきこもる体質の人〉という表現をしてきたのだが、その〈体質〉というのはどのようなものを指すのだろうか。ここまでの議論を踏まえていうなら、次の2つを持ち合わせた人と考えられる。

一つは「オレ」とか「私」を主張しない、主体的個の認識の薄い人である。先ほど中学で不登校になったS君の例を挙げたが、彼の両親は「自分で考え自分で決めて実行する子」を理想として子育てをしてきた。この理想は「自己選択、自己決定」できる子ということだ。このような子育て方針は、例え中学1年の子どもであろうと主体的個であることを暗黙裡に前提としているが、この前提は社会的合意であり世の中の運営原則ででもあるかのように広まっている。しかしこれはそんなに古い子育て方針ではなく、新自由主義が定着していった90年代以降に強まったものだ。このような一方では自分で何かを考え、自分で何かを始めるということが苦労であり重荷であり、他人からいわれたとおりのことをする人というのも社会や階級や男女を問わずいるものである。が、この人たちは蚊帳の外に置かれている。

まったくの想像であるが、S君というのは元ひきこもり〈少年〉たちの多くがそうであったように、「オレ」「私」というように主体的個を主張する体質の人ではなかったのではないか。だから、両親の子育て方針が体質に合わず、違和感を抱いていたのではないか。

もう一つの体質は「コミュニケーション能力」「人間関係構築能力」そして「自立」という現代社会では当たり前とされる価値観を受け入れがたく感じる人である。このうち「コミュニケーション能力」と「人間関係構築能力」は不可分なところがあって、両者は学校生活を送る上で今日とても重要視されている。だから集団の中で馴染みにくいとか特定の場面でうまく話せないという経験はその人に大きな苦痛をもたらすことになる。

苦痛の解決策として、コミュニケーションや人間関係構築がうまくいかない原因は自分のなかに「精神障害」があるからだとして納得する場合がある。聞き取り調査をした翔太さん（仮称30歳）の経験はこれに相当するのではないかと思われる。彼は色白で小柄、ちょっと臆したところがあるが決して柔ではない芯の強さというものを持っている。一見すると高校生かと思うような〈少年〉であるが、理知的で思慮深い若者である。彼のひきこもりの経緯は次のようである。翔太さんは小学校のときから授業中あてられても言葉を返せない、スピーチや発表といった注目を浴びる場面で言葉を出せずに立ちすくむ、忘れ物や体調不良を教師に申し出ることができず、気がついてもらうまで待っている、学校のように付き合う相手が選べない集団の中では馴染めない、そういう人たちと一日クラスで一緒にいなければいけないことが苦痛である、というような感覚を持ち続けてきた。高校1年のとき不登校気味になり、その後体調を崩して休み始め、中途退学した。通信制高校に移りそこで高校は卒業するが、卒業後どのようにすればよいのかわからないまま、仕事と社会への抵抗感と恐怖感があって21歳くらいから29歳までひきこもっていた。

彼はうまく話せないこと、集団に馴染めないこと、それらを助けてくれる友達ができないこととという経験によって大変な苦労を味わったが、今では冷静、かつ客観的に「それらは単に内気、恥ずかしがり、臆病とは違う種類のもので、強い抵抗感のようなものだった」と分析している。そしてその強い抵抗感のようなものとは「緘黙」という「精神障害」であったと話してくれた。翔太さんは「緘黙」について記した専門書を示しながら、「緘黙」とは家族や親しい友人とは何の問題もなく話しているのに、学校などの特定の場面では一言も話すことが出来ない状態をいうのだと説明し、だから自分自身の症状はまさにこれと一致すると真顔で語った。そこには診断基準や「話をさせられることに非常に敏感で、求められるといっそう硬くなる」などという一般的特徴が記されていた。

このように自身を「障害者」と見る一方で、彼はコミュニケーションスキルが現代社会で重要視されているにもかかわらず、絶対的な価値のあるものではないこと、会話のスキルに頼りすぎることによって自分らしさを失う危険性のあることを承知していた。また人とコミュニケーションをとらずにいることによって、繊細な感性や感情、抽象的、哲学的思考が培われ、自分自身や何かしら別の対象とじっくり向き合うことができること、反対に他者とのコミュニケーションに熱中するあまりそれらがないがしろにされ、精神的豊かさが忘れられたりすることもきちんと把握していた。彼は不登校で家に閉じこもっていたころ、現実逃避の手段として思索にふけっていた時期があり、精神的には苦しい時期ではあったがあの時期を経たからこそ思考力を身に付けることができたと述懐しているのである。このように見てくると翔太さんはひきこもりという人種であるのだが、それとは気がつかずに「緘黙」という障害として捉えることで自分を納得させてきたのではないかと思われる。

これまでの議論から次のことがいえる。「タイプA性格」が社会的文脈の中で構築された〈理想のタイプ〉であったように、「人間は主体的個である」「コミュニケーション能力と人間関係構築能力が必要」「自立」という価値観もまた社会的文脈の中でつくられたもので、人間にとって普遍的価値とはいいがたいということだ。にもかかわらず現代社会ではこれらの価値がことに若者にとって不可欠のものであるかのようにいわれ、それらの能力を身に付けることが強要されさえする。このことを耐えがたく感じ、それを強要する社会に背を向ける人がいるのであって、その行為を〈ひきこもり〉と呼ぶことができる。

現代社会とのミスマッチ

ひきこもりとは現代社会を生きてゆくうえで、その人と社会生活とのミスマッチがあるがゆえに発生する行為ということができる。このことを押さえた上で、次のような仮説を述べたいと思う。

周知のように人間は多くのものを遺伝的に受け継いでいる。受け継いでいるものには体質、気質、性格などのほか自我意識、あるいは意識のありようも含まれる。それらは親から直接受け継いだものもあればもっと上の世代からのものもあり、より長い年月をかけて受け継がれてきたものもある。従ってその人が現代を生きているからといって、必ずしもすべて現代の生活様式や社会通念にマッチした要素を兼ね備えているというわけではないということになる。もしかしたら１００年、もっと前の例えば顔なじみの限られた人と親密に付き合い、そこに依存すれば何とか生きていけるというような共同体で息づいていた昔ながらの気質や体質を色濃く持っている人もいると考えられる。もちろん「コミュニケーション能力」や「人間関係構築力」あるいは「自立」が求められ、人間関係が希薄な社会のなかでも知らない人とうまく付き合い、溶け込んで適応していける要素を備えた人もいる（このような人はひきこもりになる可能性は薄い）。

しかし、10年一昔よりももっと早く多様に社会が変容していく今日、そのスピードが速ければ早いほど、それに適合できない人は増えていくと考えられる。世の中はどのくらいの人間が現在のシステムにマッチしているのかということは考慮されず、変容する社会にマッチした人間を〈標準〉として動くようになっている。自分がひきこもり体質を持っていることに気がつかない人は多いだろうし、昔ながらの体質を多く保持している人はこのことに気づかず疎外感を強く感じているのではないか。ひきこもりという用語が一般化したのと、情報がグローバル化し、情報量が加速度的に増え、コミュニケーションのとり方が変化してきたことと無関係とはいえないだろう。

社会の変化が加速度的に進めば、昔ながらの体質を色濃く持っている人は、変化する社会に馴染みがたい感覚や齟齬、違和感を抱き、心身に何らかのひずみをもたらすことがあるかもしれない。しかし、多くの人は「自分は限られた人のなかで依存しながらやっていく方が体質に合っている」ということを自覚しているわけではない。そのような体質を持っていたとしてもほとんど無自覚だ。ある日何らかのひずみが心身に現れる。その症状を見てはじめて自分になんらかの問題や不具合が発生したことを自覚する。その症状というのは人によってさまざまかもしれない。ひきこりという人種は、発生した問題の対処法として社会との接触を断ち、社会から退却するという方法を採る人である。

それでは若者が社会から退却し、一人こもってしまうのを阻止する方策にはどのようなことが考えられるだろうか。方策を立てる際、向く方向は二つある。

一つは若者が今の社会に適合できるよう教育、訓練、鍛錬することで、彼らのスキルや意識、価値観を変容させ、社会でうまくやっていけるようにすることである。つまり若者のほうを向くやり方だ。もう一つは社会の価値意識を一定の方向に収斂させないよう、現代社会で当然とされている価値観を再検討するとともに、社会における人間の許容範囲、受け皿を広くすることである。つまり社会の方を向くやり方である。

3　若者支援の変化の中で

発生する矛盾

先にあげた方策のうちの前者、つまりひきこもった若者の支援にはどのような方策が取られているのだろうか。

端的に言うなら、国の若者支援政策は労働が中心的課題で「就労」「自立」を目標に進められている。「ひきこもりによる経済損失は一兆円」という指摘もある［注４ 荻野達央ほか、２００８、『「ひきこもり」への社会学的アプローチ』ミネルヴァ書房］。つまり若者のほうを向き、彼らを教育、訓練し、就労してもらい経済を活性化させる狙いである。聞き取り調査をする中で、何人かの若者はその支援の薄さを問題にし、就職のチャンスが与えられにくいことを訴えていた。もちろん、親御さんもわが子が早く自立可能な就業を遂げ安心したいと切望している。国も若者自身も親御さんも「就労」「自立」を目標とした若者支援を望んでいるのだが、ことはそれほど単純ではない。

若年雇用問題がはじめて政策課題に上ったのは、１９９０年代に入ってからである。２００３年には内閣府、経産省、厚労省、文科省による「若者自立・挑戦プラン」が策定され、これを受けて２００４年に「若者自立塾（若者職業的自立支援推進事業）」が計画、発表され、２００５年４月から２０１０年３月まで実施された。この事業はＮＳのような事業主体者が請け負う形で行われた。この自立塾の最終目標は「塾生の就職」である。そのために３ヶ月間合宿形式で共同生活を行い、生活訓練と職業体験をしつつ、コミュニケーションスキルや職業的スキルを獲得する。費用は一部自己負担となっているが、その額は塾によって異なり、低所得世帯には減免措置が取られている。この事業は初年度、１２００名の入塾者を想定していたものの、実際に受けた人は４６６名と予測をはるかに下回るもので、２００６年の就職率は48％であった。

自立塾は若者が合宿型の共同生活をすることが特徴となっている。しかし、NSにやってくる若者はすでに近隣に点在する寮で共同生活をしながら擬似家族のような独自のスタイルを造り上げていたのである。つまり、NSは国で示した支援事業と同様の形式を取っていた。それが自立塾を請け負うことで独自のスタイルが変容してきたのである。どのように変わったのかといえばお役所の支援を受けることで、〈学校〉的要素が入り込むようになり、国の支援を受け入れることによってある種システム化が必然的にもたらされたのである。

それではNSは独自の方式を作り上げておきながら、なぜ自立塾を請け負うようになったのだろうか。その理由として財政的要因は無視できない。ひきこもりの若者がNSに支援を依頼する場合、親御さんはその費用を自費で賄わなければならない。しかし、自費で賄うのが大変な家庭もある。そのような場合NPOの資金不足から、国の支援に寄り添い、頼りながらやっていくのも一つの方法として採用したのである。

自立塾の事業は2009年の事業仕分けで廃止になった。廃止になった背景には先に述べたようにこの事業が合宿という形で共同生活を行うのが基本になっているのだが、費用対効果からみて大きな成果が挙げられなかったという側面がある。

これに代わって2010年4月から2012年3月までの予定で「基金訓練」が始まった。このなかの「社会的事業者訓練コース」に合宿型が入れられ、そのほかは通所型となった。が、合宿型基金訓練は2011年9月の受け入れを最後に終了した。結果通所型のみになるが、通所型は合宿による生活訓練が不要な「動ける」人が対象になっている。また国が助成金をつける場合、就労と資格取得が大きな要件になっている。だからＩＴ訓練も国のお金がつく。つまりすばやく資格取得し、就労のために「動ける人」人のほうが「自立」しやすい人と見られ、そういう人から救おうということだ。そういった意味で国の若者支援は確かに若者のほうを向いている。しかし、それは若者の幸せを考え、彼らの人生を考えてのことではない。国の支援は本当は働ける若者なのにその労働力がみすみす棄て去られている、それを防ぎ、国家経済の一翼を担ってもらいたい、そうすれば税収も増えるばかりでなく福祉にかける予算も削減できる、というように国家経済の視点から若者のほうを向いているのである。

それでは「動けない人」「ザ・ひきこもり」はどのように見られているのだろうか。「一兆円稼ぐ」一端を担う可能性が薄い人、国家経済には貢献できそうもない人、「就労」「資格取得」というニンジンを鼻先にぶら下げてすぐに走りはじめるのが困難な人とみなされ、切り捨てられる方向にあると思われる。

再び、レンタルお姉さん

レンタルお姉さんの話から、ひきこもりの経験のある若者は二通りに別れることがわかった。現代的価値観に従って「就労」「自立」していくことを〈あきらめた〉「ザ・ひきこもり」のような人と、現代的価値観に従って生きていきたいと考え、「動ける」それゆえに〈あきらめない〉人である。厚労省が打ち出す新たなシステムを利用する人の多くはこのうちの後者である。

それでは「動ける」それゆえ〈あきらめない〉若者自身はどのような思いを抱いているのだろうか。

支援システムを通していくつかの資格を取り、就労のチャンスをつかみ、チャレンジし、でき得れば正社員を目指し、〈普通〉の人生を歩みたいと考えているだろう。実際このようなサクセスロードを歩む人もいるだろう。しかし、多くの場合は非正規雇用、それも一時的なアルバイトしかないことが予測される。そのような場合、正社員になるまで、できるなら自分の適性や能力を生かした仕事に就けるまで「夢」をあきらめないでがんばり続ける人もいるに違いない。そこで果てしない挑戦が始まるのだが、それが「よいこと」とみなされる風潮のある今日、彼らはますます〈あきらめられない〉人になるのではないか。

そのような若者を抱える親御さんの思いはどのようだろうか。

２００８年、厚労省の委託事業として「サポートステーション」が設けられるようになった〔注5全国１００箇所以上に設けられ、いろいろな民間団体などが運営している。NSにもサポートステーションは設けられている〕。ここに来る親御さんの多くは、若者支援を受けることで職を見つけ、それによって解決に向かうと思う方が多いという。しかしそれは「勘違い」だとレンタルお姉さんは指摘する。サポートステーションの就職相談は無料だから利用しやすい。しかし、実際に相談に訪れる若者の多くは就職よりも以前に解決しなければいけない問題を抱えている場合が多いからだ。その問題とは人と人との関係をうまく築くというような社会力が欠けていることだ。人との関係を築く力が弱いと、その後仕事に就けたとしても続かない場合が多い、だからその力を養うことが大事なのだ。

また、職業に就く前に仕事体験が必要な場合もある。要するに親御さんが思うほど単純にことは解決に向かうわけではない。しかし国の意向を汲んだこの事業でもっとも大事なことは就労率を上げることだ。就労率が上げられない、つまり国の要請に応えられない場合は援助が打ち切られてしまう。だからスタッフは一人でも多くの若者が就労できるよう小手先のスキル獲得や〝就活〟の話しをする。けれどもレンタルお姉さんが懸念することとして、小手先のスキルを教えることは後で述べるように〈本当〉に彼らの幸せを保証するほうにつながらないという問題がある。

このように当事者の若者、親御さんそして国および多くの若者支援事業は、同じ「ひきこもり」問題にかかわりながら微妙な、あるいは明らかなズレの位置に立っている。若者支援事業所のスタッフはいくつもの現場を見てきた経験から、この課題達成のためにはさまざまな困難や壁が立ちふさがっていることを熟知している。だから困難や壁を乗り越えるのは無理なのかもしれないという思いを抱く一方で、それでも困難や壁を何とか乗り越え若者の要請に応えたいと考える。いわば引き裂かれる思いを抱いている方が少なくないのである。ある支援団体のスタッフMさんは、次のように語る。

「今の学校は『個性・適性』を重視していますが、それらを重んじ、自分に合った仕事に就く自由も許容されるべきだとは思います。でも、一人ひとりが自分の能力、個性を生かした仕事を探し、就職しようとしても、企業は必ずしもそれに答える雇用体勢にはなっていない。今日では企業の体力がなくなっているから、リスクの小さい人、(つまり「タイプA性格」の人)から採用していくからです。また、企業は学卒後どのような履歴を辿ったか、その動向に注目するから、不登校やひきこもりでブランクがあるのはマイナスポイントになります。さらに近年では単純作業や製造業への就業もパイが小さくなっているから、不登校やひきこもりはさらに不利です。そういう状況の中で『個性・適性が大事』『あなたの自由にしなさい』という教育は、結果として若者に甘える環境を作ることになってしまいます。『個性、適性』にこだわるあまり社会や企業に受け入れられず、レールから外れてしまう人が多いのも事実です。いったん外れると元に戻れなくなる場合が多い。このような人は自由教育の一種の犠牲者と言えます。レールを外れた人はどうにかしてもとのレール、つまり就労・自立の道に戻りたいと切望するのですが、そのような場合頼りになる若者支援機関は彼らにとって大切な存在です。近年ではそういった支援機関がいくつかあるのが望ましいし、その人に合った支援を提供してくれるところを選ぶことで課題が達成できると考える若者も少なくないです」

これに対してレンタルお姉さんの見解は次のように大胆である。

「若者支援というとき本当に『就労』と『自立』が一番大事なのでしょうか。それよりもせっかく世間の価値観を拒否してひきこもったのだから、またもとの『正社員のコース』のような路線に戻るのではなく、ひきこもったことを生かす生き方や道を探した方がいいと思うのです。大事なことは、元の路線に戻ってしまうと現代社会の価値観が絶対ではないことが実感できないことです。世の中をもっと相対化してみることが必要ではないかということです。そうなれば、今の価値観にしがみつくのがむなしく自分にとってそんなに意味のあることではないことがわかるから、きっぱりと〈あきらめる〉ことができるのではないでしょうか」

〈本当の幸せ〉とは

レンタルお姉さんは、若者の「就労」や「自立」を最終目標としていない点で国や親御さんとは考え方が違っている。彼女たちはもはや「就労」「自立」が彼らの幸せを保証するものではないと考えるからである。それではレンタルお姉さんが考える〈幸せ〉とはどのようなものだろうか。NSでは多くの若者が寮生活をすることはすでに述べた。ここでの寮生活とはスタッフが介入しない、寮生活者同士の自主運営によるものだ。衣、食、住など自分のことは自分でこなすのはもちろん、ことに昼、夕の食事はシフトを組んで献立をたて、買い物し、料理して盛り付け、片づけまで行う。しっかり三食食べる毎日の繰り返しによって生活のリズムを取り戻し、自分の体力も自信もついてくる。この生活を2〜3年続けるなかでやがて一人暮らしを始めたり、地域でアルバイトを見つけ、NSやそこでの仲間とゆるくつながりながらさらに自分でもできるボランティアに挑戦したりする……。このようなごく普通の地に足のついた落ち着いた暮らしのなかにこそ、〈本当の幸せ〉があるのではないかと考えるのである。

「ザ・ひきこもり」だった人でアルバイトを始めたY君（30歳）という人がいる。彼は一生アルバイトをやり続ける人生で十分満足だと思っていた。つまりすっかり〈あきらめた人〉だった。ところが仕事を始めたら意外にできてしまい、契約社員の道もどうかと打診されるまでになった。こんな自分が契約社員になれるはずがないと思ってきたのに、やはり気持ちは揺れる。しかし、彼が契約社員の道を選べばついていけずにまたひきこもる可能性があるというのだ。一般的に考えてY君が契約社員を選ばないであえてアルバイトのままでいるとしたら、それは滑稽なことと見られるだろう。けれども滑稽な存在になるのを恐れて契約社員になれば、それは不幸なことだとレンタルお姉さんは考えるのである。

〈あきらめた〉人にとって終身契約の被雇用者になり、「自立」の道を歩んでいくことは苦悩の始まりでさえある。彼らは終身雇用と「自立」を強要する社会とそりが合わない、そういった気質、体質であるからひきこもらざるを得なかったのである。「就労」と「自立」は彼らに幸せをもたらさない。それだから若者支援をする場合、「就労」と「自立」を達成させるという形で若者と向き合うのではなく、どのようにしたら彼らは「幸せ」で「生きやすい」かという視点で向き合う必要があるということだ。そして若者のほうばかり向くのではなく、どのようにしたら社会の価値観を変容させ、若者の受け皿を大きくできるのかという方向も向かなければならないだろう。

レンタルお姉さんは「そうはいっても就職を望んでいる人に〈あきらめたほうがいいです〉とは言いにくいですよね」という言葉を付け加えた。確かに〈あきらめ〉のススメはせっかくの向上心や探究心、そして〈幸せ〉になる〈夢〉を棄てさせ、貧乏で劣悪な、〈夢〉や希望のない生活に留まり、そこにささやかな幸せを見つける〈不幸せ〉への道に誘うことと取られるかもしれない。しかし、NSの元代表二神能基は「もう経済的にがんばる時代、仕事中心主義の時代ではない」として、とりあえず一番嫌ではない仕事を始めればよいと提唱する［注6『ニュースタート通信137号』2011年11月］。

それではすでに仕事中心主義の時代ではなくなったいま、元ひきこもりも含め若者たちは「賃金労働」「雇用労働」をどのように考えているのだろうか。次章で見ていくことにしたい。

第5章「正社員でなくてもいい」の広がり

1 雇われない働き方

みんな〈労働者〉になる時代

働く、つまりは賃金労働をするといえば、就職活動をはじめほとんどの場合が、誰かにどこかの会社や事業体、あるいは官庁、学校など（公務労働といわれる）で「雇われる」ことを指している。だから就職難とか大学を出ても就職が決まらないという状態は、誰もどこでも雇ってくれない、あるいは雇われるのにひどく時間とエネルギーが要る状態だ。けれども終身雇用というのは、一生涯（定年まで）一定の職場で、与えられた一定の仕事をこなすために身体を拘束される（勝手に休んだり、いろいろな仕事、職場に変わったりする自由が奪われる）ことを指している。つまり、多くの高校生、大学生が望んでいる就職とは、賃金を受け取ることと引き換えにある種の不自由さを了解する行為だ。

自分で休む日を決めたり、自分の裁量で仕事時間や仕事のやり方をコントロールしたりできるのは雇われない人、自由業、自営業そして家事労働従事者だからだ。

なんという題名の映画か忘れたが、ある映画を見たときの印象的な台詞が浮かんでくる。

瀬戸内海で自分の小型船を持ち、その船にいろいろな物資を積んで島々や本州に運搬する仕事を営んでいた夫婦の物語である。この夫婦は高度経済成長の波を受け、小型船での運搬業が立ち行かなくなった。とうとう夫は船を棄て本州にある大きな街の造船所に勤めることを決心する。面接を行い就職が決まって島に戻ってきたとき、島で魚屋（だったか？）を営む店主に呼び止められ、次のような言葉を掛けられる。

「あんた、船長さんからすっかり労働者になってしまったねえ」

雇われて毎日決まった時間に工場の門をくぐって賃金を稼ぐ労働者なんかよりも、自分で仕事のことを決められる一国一城の主、船長さんの方がずっと〈位〉が上だったのではないかねえ……、明るい声には、そういった哀愁と揶揄に満ちたニュアンスが込められていた。経済成長が過ぎて、物を生産するよりもサービスを提供する仕事が優勢になった今日、いやもっと以前から「働く」といったら哀愁の念などなく、もちろん揶揄されることなくみんな〝労働者〟になることを意味するようになった。

しかし、労働には有償もあれば無償もあり、営利もあれば非営利もあり、雇用もあれば自営もある。そしてさらに「協同労働」というカテゴリーがある。自営業（場合によっては家族労働）は雇われない労働だ。聞きなれない労働形態だが「協同労働」もまた雇われない労働である。

このように「労働」にはさまざまな側面や働く場があるのにもかかわらず、昨今の就職難や就職支援に関する報道に限らず若者が「働く」ことを考え就職活動をする場合、そのほとんどが雇用労働に限定された方向、つまり〝労働者〟になることを指している。〝労働者〟になるためには大企業中心の「新卒一括採用」という雇用慣行があり、この方法は社会の実態に対応できなくなっているといわれる。そのため高校生、大学生は〈出口の不安定さ〉に不安を抱えることになる。だから、若者がこの状況から解放されるためにはどのようにしたらよいかが、昨今ではいろいろ論じられている。

本章ではいったん雇用労働から離れ、「協同労働」という雇われない働き方に注目しその一端を見ることを通して若者の労働について考えたい。また「協同労働」という働き方を一つの補助線とし、さらに〝労働・仕事〟という姿を見るときの合わせ鏡にしつつ、若者（元ひきこもりも含め）は働くことをどのように考えているのかを見ていきたいと思う。

しろうと主婦が月７０００食の弁当を作る

２０１１年10月16日、私はこの年の７月に知ったばかりの日本労働者協同組合（ワーカーズコープ）連合会（以下Ｗ・Ｃと記述）［注１　１９８７年日本労働者協同組合（ワーカーズコープ）連合会センター事業団という組織を創設、労働者の協同組合運動に挑戦してきた。「民営化」に対して市民を主体とする「市民化、社会化」、「働く者同士の協同」「利用者、家族との協同」「地域との協同」というコンセプトのもと、子育て関連、建物総合管理、公共施設運営、介護、食関連などの事業を展開している］が主催する、「全国よい仕事研究交流会」の分散会に参加した。交流会は、当組合に加入する事業所の中から「よい仕事」として推奨されたものがその実践を、事業分野ごとの分散会に別れて発表するというものだった。分散会は15あり、全部で56の実践が報告された（私はそのうちの一つの分散会のコメンテーターとして参加した）。この会は儲かるか儲からないか、利益が上げられるか上げられないか、どうしたら顧客獲得ができるかというところに関心が向けられていないのが大きな特徴で、真正面から「よい仕事」と何の衒いもない言葉で言い切っているのに不思議な新鮮さを覚えた。

W・Cの活動には7つの原則がある。その第一に「人の命と人間らしいくらしを最高の価値とし、協同労働を通じてよい仕事を実現する。働く人が主人公となる新しい事業体を作る」と明記されている。出資金は働く人が分相応に出し合うからリーダーはいるが社長さんはいない、非営利企業である。私はそのようなごく簡単な予備知識しかないままニュートラルな立場で聞くことになった。

分散会は3つの実践が報告された。一つは市（多治見市）から児童館5館の管理運営を委託された事業所が独自の方針で運営している報告、あと二つは介護施設や市内でくらす高齢者の配食サービス事業の実践報告だった。ことに高知市で配食サービスを展開して14年が経過する『あじ彩』を切り盛りする人たちの仕事は、既成の枠を大胆に取り払ったダイナミックなものであった。報告の席に着いた高橋今朝子さんはずっと主婦業で生きてきたのだが、ヘルパー養成講座で出会った3人の仲間と空き店舗の喫茶店を利用しようと思い立ち、配達に自分たちの車を使うというように怖いもの知らずの状態で配食サービスをスタートさせたのです、と語り始めた。

事業は高知市内を4コースに分け、市内中心部ほぼ全域にわたって高齢者のための昼、夕の食事を作り、配達するというもの。最も驚くことは昼、夕365日欠かすことなく（もちろんスタッフはローテーションで休みは取るが）２００名余の利用者に弁当形式の食事を配達し続けている点だ。一日ほぼ２３０～２４０食、月にすると７０００食を14人のスタッフで献立を立て、食材（組合員や共同作業所の障害者が作った地産地消の野菜）を調達し、調理配膳、配達する。しかも一食５５０円と安価なうえ、高齢者の安否確認（これはまったくのサービスである）のため「手渡し」を原則にしている。私も大量炊事の経験が多少はあるのだが、この数字はどれを見てもしろうと主婦がノウハウも資金も施設、設備も乏しいなかで実施するには過重労働とも思えるようなものである。が、彼女たちには過重労働という思いはなく、儲けたいという気持ちもないことが報告から伝わってきた。ここで見られるのはマイカーで弁当を配達するというような〝公私混同〟をものともせず、介護の専門家のような臭いもなく、まるで主婦業の延長線のように仕事をこなしていく自然な様子だった。それはおそらくそれまで家事、育児に奔走してきた人が、ようやく自分の時間や空間が手に入り、しかも本人も気づかないまま自分の中でまったく使うことなく埋もれていたエネルギーやタレントが目覚め、それがマグマのようなモチベーションとなって噴出したためではないだろうか。「スタッフがすべて主婦なら夫が主たる家計維持者だから、彼女たちはもうけにこだわらず〈趣味〉のように仕事を楽しめる、だから自由裁量を最大限生かした〝冒険〟もできるではないか」といわれるかもしれない。しかし、そもそも〝賃金労働〟にはこの仕事をしなかったら一家が飢えてしまうという状況で必死にやる仕事と、生活するにはとりあえず困らない基盤とゆとりがある状態でこなす仕事とがあるのだが、二つを比べたら後者のほうが仕事へのモチベーションや効率が高まるものである。高橋さんたちには主婦業で培ってきた家事や生活を支えるスキルという基盤があり、この仕事をしなければ食べていけないという心配がない。これが「よい仕事」の前提になっているように思われた。

生活支援と日常的動作のはざ間

ここまでの報告もさることながら、この報告を聞いていて「このような考え方こそ大事だ」と思うこと、言い換えるなら生活にゆとりがあるからこそできるワザだと思うことがあった。それは『あじ彩だより』という通信を通して、配食サービスを利用する高齢者に、食事サービス以外の家事、庭掃除や草取り、散髪、引越しなどの生活支援を必要に応じて提供している点である。これら生活支援は今日ではよく〝便利屋さん〟がビジネスとして行っている場合があるから、とりたてて珍しくはない。しかし『あじ彩』がこのサービスを提供し始めたのは、更なる事業範囲の拡張という思惑からではなく、高齢者ことに一人暮らしの方への〈安心づくり〉が必要ではないかという思いからであった。そのきっかけは次のようなことだ。多くの利用者は配食が来るのを自宅で待ち構えているという。もちろん食事そのものを待っているとか、配達するスタッフとの会話を待っているという方（一日中誰とも話をしないという人もいるのだ）もいるが、ちょっとした助けをして欲しくて待っているという方が少なくないというのだ。

どのようなことかといえば、配食のスタッフがお宅まで弁当を手渡ししようと伺うと、利用者の方から納戸やエアコン、カーテンレールの修理を頼まれる、物にぶつかって擦り傷を作り血を流している場面に出くわす、電球を取り替えて欲しい、ペットボトルの蓋が開けられない、ちょっとした買い物やごみ出しを頼まれるなどなどが日常的にあるのだ。なかにはベッドから落ちていた、トイレで壁と便器の間に挟まって動けないでいた、夜部屋で転倒し、誰も助け起こしてくれる家族がいないため、昼の配食スタッフが来るまで失禁しながらもそのままでいたという出来事が少なからずあるという。このうち散髪や引越しなどは食事とは別立てのメニューとして料金設定できる。しかし、ベッドからの転倒を助け起こす、擦り傷を手当てする、電球を取り替える、ましてやペットボトルの蓋を開けるなどということをサービスメニューとして料金設定するのはいかがなものかと誰もが感じるだろう。誰もが日常の中で当たり前にやっているちょっとしたこと、そういったビジネスライクには出来ない、いわば家事と日常的動作とのはざ間にある〈生活支援〉が高齢者の暮らしには多々あるというのだ。

このようなはざ間にある〈生活支援〉を『あじ彩』ではどのように考えているのだろうか。高橋さんはごく自然な口調で「いつも自分の家庭で当たり前のようにやっている、家事ともいえないようなちょっとしたこと（これは、実は家事に精通している主婦だから気がつくのであるが）や、目に付いたら当たり前に処理する雑用についてはお金はもらいません」と述べた。それら〝ちょっとしたこと〟をさりげなく処理する行為そのものに、自然と生み出される重要なことがらがあるのだ。それは配食サービスとともに〝ちょっとしたこと〟をする、そうすることは高齢者の生活に寄り添い、〈安心づくり〉と〝可能な限りの自立〟をもたらすということである。もし、〝ちょっとしたこと〟すべてに代金を求めるとしたら、利用者に寄り添うこともつながることも、うわべだけのものになってしまうだろう。要するにこの事業は食事を届けさえすればよいというのではなく、食事の配達と一緒に〝安心〟や〝つながり〟も配達するのである。だからこういった事業はコミュニティの中で着実に根づいていくのである。

〝質〟のニーズに応える

もう一つの配食サービス事業は、伊丹市の『ぐろーりあ介護支援センター』が行う夕食宅配サービスの報告だった。こちらは〝量〟より〝質〟を重視し、一日夕食のみ35食をめどにしている。伊丹市ではそれまで夕食配食サービスを委託事業として、9つの介護施設に委託していた。ところが配食事業に〝ワタミ〟が参入したのをきっかけに、2011年3月をもって市は委託を廃止したのである。『ぐろーりあ』ではそれまで市の委託を受けて夕食の宅配を行ってきた。が、4月以降も続けるとなると委託金が来なくなる。続けるのならどうしても夕食の料金は値上げしなくてはいけない。さもなければ宅配はやめるしかない。ところが、利用者から是非続けて欲しいという強い要望があった。結局それまでの600円を750円に値上げしての継続となった。夕食に750円出すのは大変だ、というお宅だってある。その代わりどのようにしたか、というのが報告のポイントだった。

150円の値上げに見合うような〝質〟の向上として、使い捨てパックはやめ保温性のある食器形式の容器を用いる、アルミ箔の使い捨てをやめる、塩分控えめの人、きざみ食の人、アレルギーのある人、また食べ物の固さなど利用者のニーズに合わせて対応する、作ってから2時間以内に届くようにするなどを実践した。『ぐろーりあ』の宅配夕食のコンセプトは、「市行政では対応しきれないことを地域で自助、公助していこう」というもの。つまり高齢者の多くは「この家で死にたい」「施設に入りたくない」「人の手助けは要らない」という方が多く、食べることが最大の楽しみである。こういったニーズに〝食〟を通してきめ細かく応えて行こうというものだ。

どこを向いて仕事をするのか

労働形態には政治システムを支える〝公務労働〟、経済システムを支える〝雇用労働〟、そして社会システムの根幹である〝家族労働、自営労働〟という分け方がある。このうち協同労働に最も近いものは家族労働、自営労働である。このことから実践報告は介護、福祉、子育て、食などが多かった。これらは自然と接点を持ち、人々の生活、くらしとつながっているため、利潤追求とはそりが合わない。このような原理が基本にあるため、「スタッフはどこを向いて仕事をしているのか」という点で雇用労働や公務労働と明らかに違っていた。雇用労働の場合、雇用者が向く方向は雇い主である会社、社長さんであり、顧客の懐具合であろう。公務労働では自治体の長や上司のほうを向かざるを得ない。これに対して3つの報告で明らかだったことは、スタッフたちは雇われる人がいないため事業体のあるコミュニティに溶け込み、サービスを受ける住民一人ひとりのほうを向いている、それがとても印象的だった。

「協同労働」はお給料が安いとか社会保障に不備があるとかいうデメリットもあるだろう。しかし、それよりも仕事は〝雇い主〟の指示でするのではなく、いわば自分で自分を雇っているのだから、労働のモチベーションは自分が作り出すのである。そしてスタッフ一人ひとりの自主性と相互の協議と総意で仕事を決めていく。そういうことだから、彼女の仕事は人間性と結びついたものになり、パワハラやうつが発生する余地が極めて小さいばかりか仕事を通して自分を信じ、スタッフを信じることができるのではないかと思うのである。

3　非正規労働をめぐって

「食べていけるなら非正規雇用でもよい」

以上のような〈主婦的働き方〉を見た上で、若者の仕事に対する考え方を見ていこう。『２０１１年ひきこもり調査』では、一般群（大学生）とひきこもり経験群（支援センターの若者）は、それぞれどのくらい賃金労働を行っているか質問した。その結果賃金労働の経験ありは、一般群61％、ひきこもり経験群77％であり、一般群の99％がアルバイトだったのに対してひきこもり経験群はアルバイト48％、正社員25％、契約社員13％、派遣社員７％などであった。さらにどのような仕事内容だったかという質問に対して、一般群は「販売・小売業」「飲食店」が８割を占めるのに対して、ひきこもり経験群はグラフ14に示すように、業種はさまざまだった。

次に「食べていけるなら非正規雇用でもよい」という考え方をどのように思うか聞いた。その結果、一般群は「まったくそう思う」「ある程度そう思う」が合わせて28％に対して、ひきこもり経験群は43％、反対に「あまりそのように思わない」「できれば正社員になりたい」を合わせると一般群51％、ひきこもり経験群35％であった（グラフ15）。数字からはひきこもり経験群の方が非正規でよいが高く、一般群は非正規よりも正社員を望む傾向の強いことがわかる。つまりひきこもり経験群の方が非正規雇用を肯定的に捉える傾向が強いといえる。しかし、「まったくそう思う」「できれば正社員」と

グラフ 14

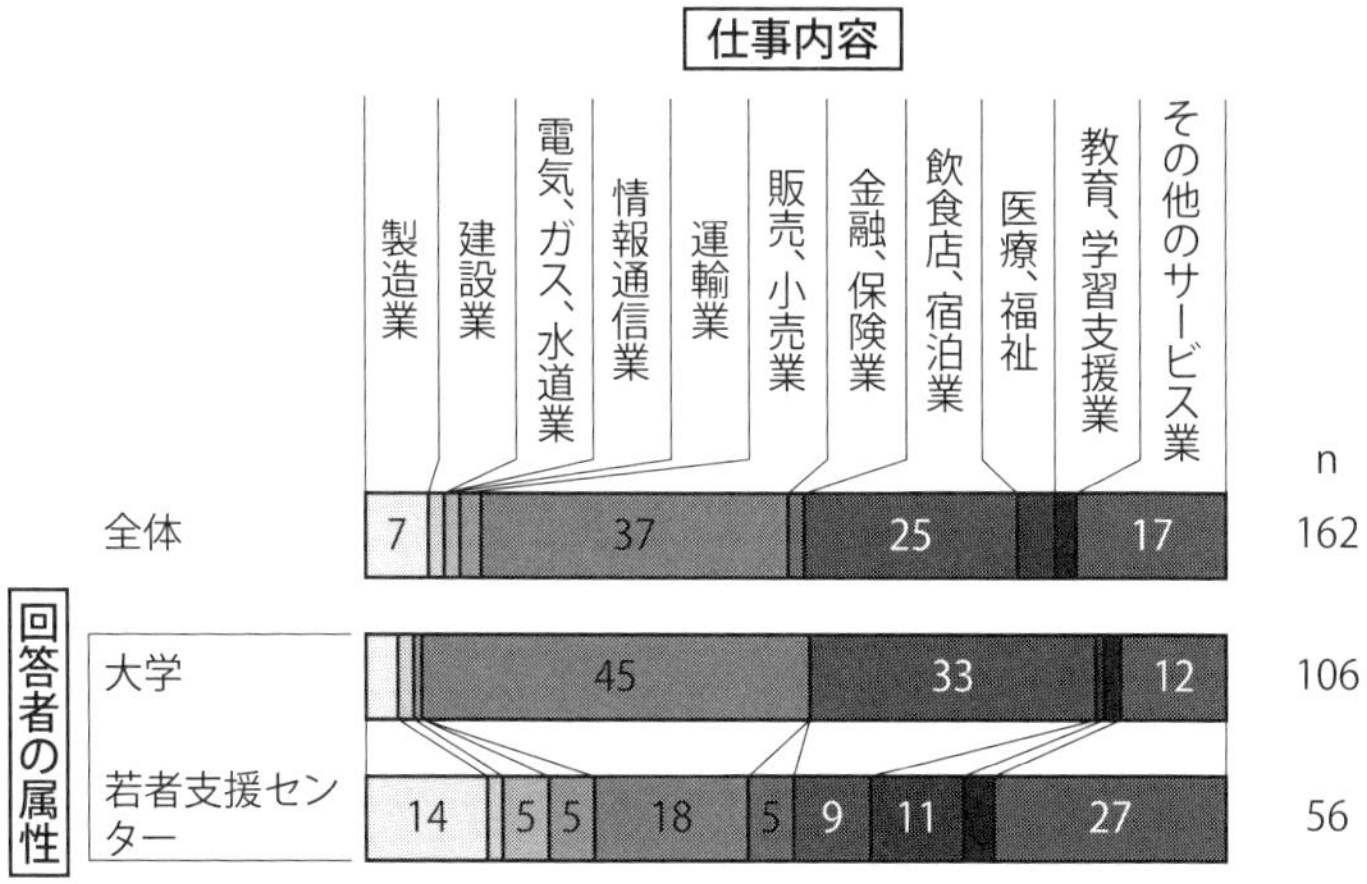
仕事内容
製造業
建設業
電気、ガス、水道業
情報通信業
運輸業
販売、小売業
金融、保険業
飲食店、宿泊業
医療、福祉
教育、学習支援業
その他のサービス業
n
全体
7
37
25
17
162
回答者の属性
大学
45
33
12
106
若者支援センター
14
5
5
18
5
9
11
27
56

グラフ 15

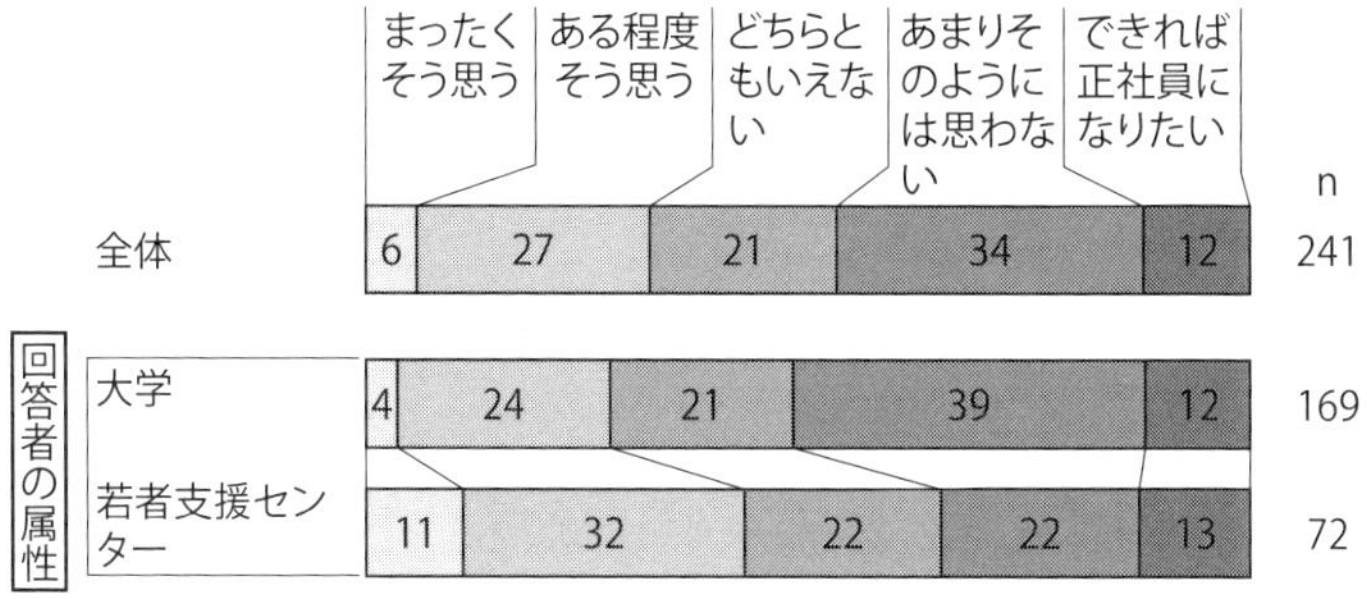
食べていけるなら非正規でよい
まったくそう思う
ある程度そう思う
どちらともいえない
あまりそのようには思わない
できれば正社員になりたい
n
全体
6
27
21
34
12
241
回答者の属性
大学
4
24
21
39
12
169
若者支援センター
11
32
22
22
13
72

答えた者を除くと、「非正規でもよい」と「ある程度思う」は一般群24％、ひきこもり経験群32％、「非正規でよいとはあまり思わない」はそれぞれ39％、22％である。この結果を見ると両群の意識にはそれほど大きな差があるようには思われず、むしろ近い位置にいると考えられる。

さらに「できれば正社員になりたい」という選択肢を選んだ者は、一般群12％、ひきこもり経験群13％である。正社員を望む者が1割強というのはあまりにも少ないばかりでなく、一般群とひきこもり経験群がほぼ同数というのも予想外であった。もし一般群が非正規雇用よりも正規雇用を望んでいるのであれば、「できれば正社員になりたい」者はもっと多いはずではないか。この点でも両群の意識は近いところにあるように思われる。一般群（大学生）は就職が厳しい今日、これから就活を迎える大学生であっても必ずしも正社員になれると思っていない者も多く、正社員になることを本心から望んでいる者は必ずしも多数派ではなくなっているのではないか。

少し古く、調査対象者の年齢が右記とはズレがある資料だが、朝日新聞が行った「25～35歳の仕事ぶりや生活意識を探るインターネット調査」結果がある［注2　朝日新聞、2007年1月5日］。この調査は雇用形態を正社員、非正規雇用（派遣、契約社員）、非正規雇用（パート、アルバイト、フリーター）の3つに分け、年収、労働時間、仕事の満足度、生活意識の実態などを比較したものだ。このうち男性だけを見ると、非正規でもアルバイトなどの年収は160万円弱（正社員の36％程度）である一方、1週間の労働時間は4・8日で、正社員の5・3日とあまり変わらないなど、男性非正規雇用の厳しい実態が示されている。けれども、仕事をしているとき「つらい」と答えた割合をみると、正社員、派遣・契約社員、アルバイトなどはそれぞれ40％、33％、40％であり、「自分の将来に不安」

はそれぞれ73％、74％、72％であって、非正規雇用と正社員との差はほとんどない。「非正規雇用の増加が日本にとってよかったか」という質問では、25～35歳全体で「どちらともいえない」が49％で、「よくなかった」43％よりも多い。結果を評して同紙では、「若年層は非正規雇用であることやその増加を必ずしも否定的に捉えていない傾向が浮かぶ」としていた。

これらの結果から、非正規労働でよいか正社員になりたいかなど雇用形態に関してみると、一般群とひきこもり経験群との差はそれほど大きくないことがわかる。つまりこの問題に関する両者の意識の隔たりは小さく、両者の垣根は低い。だから雇用について一般群はこうであり、ひきこもり経験群だからこうというように線引きをして分けることは難しくなっている。むしろ両者を分けずに「今日の若者」というくくりで捉えた方がいいのではないか。「今日の若者」の多くは、正社員になったとしても仕事はきつく「つらい」し「将来不安」が消えるわけではない、それなら無理して正社員にならず非正規雇用でもいい、という気持ちを抱える者が少なくないと思われる。

主婦と若年男性の共通項

『平成19年度就業構造基本調査』（総務省統計局）によると、20～24歳の非正規雇用者は男性39・1％、女性44・6％である。男性全体で見ると正社員は８割となっていて、若年層の非正規雇用者の増加が著しいことがわかる。先に見たように若者自身はこのことを否定的に捉えていないにもかかわらず、一般的には社会問題だとされている。一方、同調査によると女性全体だと正社員は44・7％であるから、半数以上が非正規雇用ということになる。そればかりでなく、女性は80年代以降ずっと非正規雇用が半数近くを占め続けてきた（にもかかわらず、社会問題化したことはない）。つまり近年働く男女という視点で見れば、非正規雇用は女性ばかりでなく若年男性でもメジャーな存在になったということだ。これは、若年男性が女性の雇用現場に参入してきた、あるいは女性の雇用形態に近づく人が増えた、言い換えるなら〈女性的〉な働き方をする若年男性が増えたとみることができる。その背景には、両者には非正規雇用でもよい、やっていけるという何かしら共通項があるからではないか。

前節の「よい仕事研究交流会」で登場した女性は、もうけることは二の次という働き方が伺えたが、その背景には主婦の場合夫が生計を支えているという事情がある。この事情は、「夫に養ってもらえるのだから、妻は非正規雇用でも構わない、正社員になったら家事、育児に支障が出るから困る」という差別的「性別分担」があることは否定できない。今日多くの若者は、たとえ賃金が少なく不安定就労で経済的に自立できなくても、彼らよりも経済力のある家族＝親がいれば彼らのインフラを支えてくれている。非正規雇用でも親と同居していれば、あるいは親からの仕送りがあれば、賃金は多いけれども「つらい」正社員の仕事に無理して就かなくてもよいということだ。つまり主婦には夫、若年男女には親という生活を支える後ろ盾がある点は共通項といえる。

「非正規雇用でもよい」という流れ

けれども、主婦に比べて若年男性は非正規雇用を受け入れるには別のハードルがある。若者の多くは親という後ろ盾があっても「いつまでも親に金銭的に依存して申し訳ない」という気持ちを持つ人は多く、さらに「男は経済的に自立して妻子を養わなければ」という社会規範に縛られやすいからである（事実、非正規雇用の男性は婚姻率が低い）。非正規雇用でよいと思いそれを実践するには、この二つの囚われから解放される必要がある。けれども、それはいわゆる〈あきらめた人〉になることで、若年男性にとってかなりハードルが高いことだ。「男は経済的に自立すべし」「夫（男性）は妻子を養うもの」というのはいわゆる〈20世紀的価値観〉である。非正規雇用を躊躇するのはこの価値観に縛られているからに他ならない。先に挙げた２００７年の朝日新聞調査は、若年男性は非正規雇用を必ずしも否定的に見ない傾向が強まっていることを示していたが、それは彼らの〈20世紀的価値観〉が薄らいでいるためではないか。

『労働経済白書（平成23年版）』（厚生労働省）は、大学卒業者のうち就職も進学もしない者の割合が２０００年には32・４％、２０１０年は24・２％であったと報告している。つまり大卒者の３～４人にひとりが大学卒業時点で賃金労働に携わる選択をしていない。このことと同時に新入社員の「働く目的」も変化している。つまり、「楽しい生活をしたいから」が２０１０年は過去最も高く38％に対して、「経済的に豊かな生活を送りたい」は低下して22％になっている。同白書は最近の若者の意識を「物質的、経済的側面よりも自分自身が『楽しく』生活したいという、日々の生活を充実して生活できるかどうかという点を重視している」と解説している。

このように若年男性には非正規雇用を必ずしも否定しない流れがみられる。しかしことはもっと進んで「非正規雇用でよい」から「むしろ正社員でない方がよい」「正社員になどなりたくない」という傾向も見られるのである。次節ではその実態についてみて行きたい。

3「仕事」より「生活」を

「大学卒業しても就職できなかった」

2011年の猛暑が始まろうとしているころ、私は三田彰さん（仮称25歳）に会った。白のTシャツにジーンズ姿の彼は、色白で細いフレームの眼鏡をかけ、特にイケメンというわけではない普通の若者で、物腰にどことなく自分に対する引け目を感じさせる雰囲気があった。

「僕は頑固なんです。小学校では先生や友だちに気に入らないことがあると、放課後残されてもまだ給食を食べないということがありました」と自己紹介をした。中学では多くの生徒がそうであるようにネットゲームにはまり、父親が入院したときも見舞いに行かないほどゲーム漬けだった。そのため勉強がおろそかになり、行きたかった高校には偏差値が間に合わず、学力試験のないラクに入れる高校に行った。その後大学の情報学部へ進む。図書館が家の近くにあったので、将来はそこの司書になれたらいいと思い、大学で資格取得を考える。ところがこの講座のオリエンテーションで、この講座を受講するには3万円かかることがわかり「イラッときて」受講を断念する。大学では「コンピューターマスター」を中心に授業を受けるも、広く浅い内容を切羽詰ってやっている感じがし、「腐った」大学生活には何の興味もなくなり、ぎりぎりで卒業する。大学ではもちろん就活をするが、求人のなかにフィットするものがなく、そうこうしているうちに求人もなくなり、新規採用に間に合わず、

「経験あり」という求人しか残らなくなった。大学卒業はしたものの新規採用が取れなかったことでにっちもさっちも行かなくなり、ニート生活が始まった。

大卒者の３〜４人に一人が就職も進学もしない今日、三田さんが「ニート生活」を始めたことは特に珍しいこととはいえない。また、厳密な定義に従えば彼はひきこもり経験群といえないかもしれない。

その後５ヶ月というもの何もやっていない状態が続いたため、親はすっかり怒ってしまい、夜間のスーパーのアルバイトを探してきた。アルバイトは夕方6時から10時までだったので、昼は雇用能力開発機構というところで職業訓練を受けるが、「電子回路」という部門についていけず２〜３ヶ月でやめる。そのころ夜のアルバイトのため生活リズムがおかしくなっていたので、アルバイトもやめてしまう。その後何ヶ月かは何をやっていたのか記憶がない……。３〜４ヶ月前、市の広報で今通っている就業支援のＮＰＯに出会い、そのプログラムをこなしながらいくつかの仕事を体験する。と同時に友だちから昼の時間帯でスーパーのアルバイトを紹介され、今はそこに落ち着いている。

「僕の友だちには優秀な人がいるんです。スーパーを紹介してくれたヤツはこのところずっと会っていなかったのに、僕のために自分の上司を無理に説得してくれた。職場で僕がミスをしてもこの友達が気を利かせて何とか取りつくろってくれるんです。スーパーというところはパートのおばさんがいわばお局様のような存在だから、怒らせると怖いのです。だからびくびくしている……」

「正社員にはなりたくない」

賃金労働についてどのように思うかと質問をすると、「僕はできるなら働きたくないです。でも、それだと困るから働くわけです」と臆することなく、いかにもそれが本心だという感じの真顔で答えた。さらに「生活していく上で仕事がメインというのはいやなんです」と明言した。三田さんは、上昇志向や競争心が乏しいがゆえに〈20世紀的価値観〉というものをあまり持たなくなった人間といえるのではないか。

「スーパーで仕事をしている人を見ていると、ほとんどが朝から閉店まで店にいるのです。いくら生きるためだからといっても、そこまで働かなければいけないのかと思ってしまいます。それでは生きるために働くのではなく、働くことが生きることになってしまうでしょう。それは違うと思う。僕ももっと努力すればそれなりのポジションは取れたのだけれど、あえてそうしなかったのです。もともとはスーパーで働いている人のようにならないために、もっと〈上〉の仕事に就こうと考えていたんです。でも僕は努力しない人間だから、スーパーの仕事しかなかった。それは当たり前ですよね。だから、僕という人間はスーパーの人よりも〈下〉なんです」

彼の「食べていけるのなら、朝から閉店までスーパーで過ごすような生活はしたくない」という思いは、経済的に豊かな生活よりも生活そのものを楽しみたいという、先の『労働経済白書』が報告する若者像と重なる。こういった若者は物欲や競争心に乏しく、チャレンジ意欲が低下しているというようにマイナス面を備えた人間と指摘される場合が多い。けれども、この傾向は本当にマイナスなのだろうか。むしろこれからの世の中を生きていく上でプラスの考え方を含んでいると思われ、ある種の進化を遂げた人間ではないかと感じるのである。

彼は努力すればもっと〈上（正社員）〉の仕事に就ける可能性があった、にもかかわらずあえてそうしなかった。その理由を「努力する人間ではなかったから」と言っている。けれども、そこには別の真意が潜んでいるように思われる。つまり努力して〈上（正社員）〉の仕事に就くことに価値を見出せなかったからではないか。正社員になれば給料も多く、生活も安定するし社会的にも〈上〉の地位が獲得できる。しかし同時に、仕事による拘束時間が増え、〈つらい〉と思っても簡単に辞められないうえ将来の不安が消えるわけではない、そういう矛盾を感じ取ったからではないか。彼はまた「就職活動を通して会社はどういう人材を求めているのかわからなかった」と言い、わからない理由を次のように述べた。

「昔はコミュニケーション能力などあまり問題にしなくても就職できたのに、今はコミュニケーション能力とリーダーシップが必要になっています。コミュニケーションが苦手な人はつんでいます。その後行った職業訓練や職業支援の場でもコミュニケーション能力を上げろといわれました。これがない人は社会的不適応者だとも。コミュニケーション能力を持っているのが当たり前といわれる、だから僕はそれが原因で面接に落ちたんです」

口下手で思うことをうまく表現できないという自分の元来の性格を無理にでも矯正しないと正社員になれない、だから「正社員になる」ためにはまったく自分の寸法に合わない洋服を着なければならない、正社員になったら生活時間を削って仕事をしなければならない、それは自分というものをなくしてしまうことではないか、彼はそう感じたのだと思う。

「働くことが人生はいやだ」

一連の彼の発言なかには二つの思いが交錯しているように思われる。一つは「多くの人は親も含めて自分のような若者は仕事にもっと貪欲になってがんばって欲しい。周囲から尊敬されるような立場に立つことが望ましいと思っているし、自分もそういった親の意向を受け入れたい」という親への配慮の気持ちだ。もう一つは「でもそういう立場に立ったら、きっと生活を楽しむなどということはできないばかりか、24時間を職場に捧げる生活になってしまう。第一どんな資格を取ったとしてもそれが生かせる職場はほんとうに数少ない。たいていは個人の能力や希望と関係なく、組織の中で細かく分化した仕事を繰り返すのが毎日の日課になる。だとしたら、アルバイトの方が自分には合っている」という思いだ。彼はそんなにまじめに努力せず、いろんなことを楽しみながらのんびり仕事をするほうを選んだ。

彼と同じ選択をした若者を知っている。25歳のA子さんは美容室で正社員として働いた半年間というもの、早朝からから深夜までの過密労働を当然のようにやってきた。半年経つころ、この生活だと自分を取り戻す時間がないことに気がついた。食事、休養、就寝、入浴すらわずかな時間しかないうえ、不規則な生活が長期化して気がついたときには背中といわず肩といわず腕も太ももパンパンに張って、内臓の具合が悪く、ものがろくに食べられなくなりとうとう寝込んでしまった。寝る以外のことが出来なくなったと言ったほうがよい。寝ながら「このままこの勤務を続けたら死ぬではないか」と恐ろしい気持ちになった。その後彼女はきっぱりと低賃金不安定雇用でもゆとりを持って働けるアルバイトに切り替えた。

〈終身雇用、年功序列、正社員〉という働き方は、人間としての尊厳を冒すものになりかねないと感じる若者が増えている。彼らは経済的安定よりふつうの生活ができる仕事で十分だと考える。

もう一つ彼らの話しから感じることがある。それは「(正社員だと)働くことが生きることになってしまう、だから正社員にならない」という発言の背後にあるものだ。そこには無意識の部分も含めて〈今日の仕事〉というものに対する嫌悪が感じられる。ほとんど(資本主義経済下で雇われている限り)の仕事内容は、働く者にとって筋の通った目的があるわけではなく、前節で紹介した「よい仕事研究交流会」のように社会とのつながりや〈役にたっている〉という実感が持てなくなっている。スーパーの仕事に限らず大手企業であっても、多くは上からの指示で動く。それは自分にとって意味のあるものでなく、労働者はただ言いなりになるべきコマに過ぎない、そういったことに人生の大半の時間を費やすのは人間性を削がれると感じる、そういう嫌悪である。しかし、このことを率直に口にしたら傲慢な人間だと思われてしまう。だから三田彰さんは本心を隠して、彼の持つ謙虚さから「自分は努力しない人間だ、だからスーパーの人より〈下〉なんです」と言ったのではないだろうか。

第3章で元ひきこもり〈少年〉として紹介した明人は、「労働よりも生活を優先するのは当たり前のことではないか」という積極論を持っている。が、そのように言った後、小声でつぶやいた。「でも、若い人(彼だって十分に若い)はそう思わない人が多いですよね。そう思う自分がおかしいのではなく周囲がおかしいと思うのだけれど、何で生活より労働を優先してそれが当たり前でいられるのかわからない」

アルバイトとはどうしても働かなければならない部分だけ、食べるためだけのために時間単位で労働力を切り売りすることだ。昇給も昇格も望まない代わりにサービス残業も休日出勤もしない、そうすれば人間性を喪失せずに済む、賃金が安い分余計な消費もせずにエコな暮らしをすればいい、そう考える若者が少なからずいるのである。この思いはあきらかに21世紀的である。

4　労働中心主義からの離脱

一般群とひきこもり群との境界線

『2011年ひきこもり調査』では「賃金の高さはその人の価値評価だと思うか」という質問をした。結果は「まったくそう思う」「ある程度そう思う」を合わせると一般群は38％、ひきこもり経験群は32％であり、反対に「あまりそうは思わない」「賃金はその人の価値ではない」を合わせるとそれぞれ38％、42％、「どちらともいえない」はそれぞれ24％、26％だった（グラフ16）。結果から調査対象者のこの考え方に対する意見は、ひきこもり経験の有無にかかわらずほぼ三分されていることがわかる。当初私は一般群はこの考えにYESが多く、ひきこもり経験群はNOが多いのではないかという予測を持っていたため、意外な結果だった。これは賃金労働の有無、性別で見た場合も同様の傾向だった。「賃金の多さはその人の価値評価か」という問いは、労働は賃金によって売買される、つまり労働は商品として需要と供給に左右されながら扱われるものである、このことに同意するかしないかを問うことにつながる。ということは、この考えに関して一般群とひきこもり経験群という線引きは

グラフ16

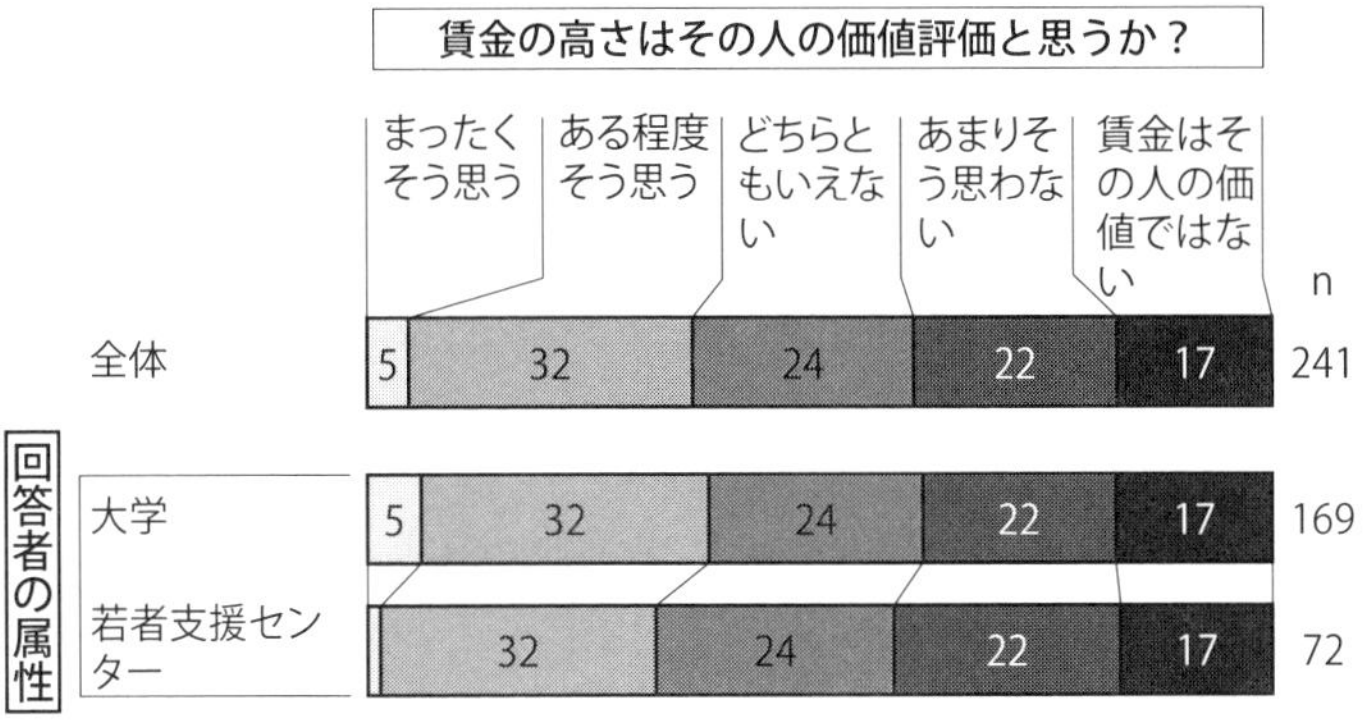

できないということだ。つまりこの設問に関する考え方も、「できれば正社員になりたいか」の場合と同様、両群は明確に分けられず「今日の若者」というくくりで見ていったほうがよいということになる。

『2011年ひきこもり調査』では、一般群とひきこもり経験群というように分けてみてきたのだが、労働観などある意識においては両群に大きな隔たりがないことがわかった。『内閣府　ひきこもり調査』では、ひきこもりを分類し、狭義のひきこもりと準ひきこもりをあわせて広義のひきこもり群（69・6万人）、ひきこもり親和群（155万人）、そして一般群というように分けている。しかし、ひきこもりの実態を知る二神能基は狭義のひきこもり、準ひきこもり、ひきこもり親和群はそれぞれが別の人というわけではなく、近年は一人の人間がふっと落ち込んだときに「ザ・ひきこもり」になり、恢復するとひきこもり親和群になるというように、3つの分類の間を行ったり来たりする傾向があるうえ、「本当に自分はひきこもりなのでしょうか」と尋ねる者もいるという。

これらのことを考え合わせると、「今日の若者」はひきこもりとそうでない者との境界線はあいまいで、一般群の何割かはひきこもり的心性を持っているといえる。

「賃金の多さはその人の価値」ではないと思う人たち

近代資本主義経済の秩序は、基本的にその領域の中では商品しか認めないから労働もまた商品として扱われる。つまり自分を商品として売らざるを得ない。『2011年ひきこもり調査』の先の質問に対する回答は、このことに気がついている、自分の労働が商品として取り扱われることに同意しない、そういう若者がいることが推測できる。

一方、いくつかの聞き取り調査から多くの若者は、孤独のうちにいるよりも社会や仲間との結びつきを求めていることもわかった。結びつく手段として一般的なのが就職して職場に出ることである。つまり、労働を商品として売る現場に行くことによって、社会や職場の仲間との結びつきができる。だから、この労働を売るという行為は否定的にばかり捉えられるものではない。

今日の雇用慣行に従えば、労働力は当然のごとく商品として扱われるのだから「労働力は商品」という性格に気がつかない者も多い。一方、このことに気がついたとしても社会や人とつながるためには、仕方なく職場に出て何らかの形で仕事にかかわっていなくてはならないという矛盾を抱えることになる（ひきこもり経験者のなかにはこの矛盾に気がついている人がいた）。このような矛盾を感じながらもいったんこの矛盾に気がつけば、自分の労働を商品化することはあたかも尊厳を失う行為のように感じられる場合がある。先の「賃金の多さはその人の価値である」という質問に対して、一般群、ひきこもり経験群のほぼ４割が「ノー」と回答していたが、この４割の若者は、自分の労働を賃金に換算し、商品とみなすことにどこかで違和感を抱いているといえる。

ここで次のような反論があるかもしれない。

「働いたことがあると言っても大学生はほとんどがアルバイトだし、支援センターに来る若者で正社員経験のある者は25％に過ぎない。しかも10年とかそれ以上の長い雇用者生活があるわけではない。彼らは、本当の労働の厳しさや楽しさがわかっていない。だから、自分の労働が商品として取り扱われることに躊躇するのではないか。いま若者を甘やかす風潮があるが、それでは経済はますます立ち行かなくなる。労働の厳しさをきちんと教える必要がある」

しかし先に挙げた統計調査等で見たように、「今日の若者」は非正規雇用を否定せず、経済的豊かさよりも楽しい生活を望む傾向にある。この傾向は若者がこれまで旧世代が守ってきた雇用慣行とは違う労働や生活に対する意識を持ちはじめたことを示している。この意識の変化は、若者の雇用状況が旧世代のそれとは比べ物にならないほどタイトで厳しいものになってきた、そういった現状で生きのびるための対応策として持つようになったのではないか。いや、もしかしたら彼らに「対応策」という意識はないかもしれない。なぜなら一般的に人間というのは厳しい労働現場体験だとか日本経済のくわしい知識だとかがなくても、ことの根本的問題はどこにあるのかということを日常生活から肌身にしみて感じ取るものだからである。感覚、感性によって察知したことがらというものは往々にして専門知識よりも真実をついていることがある。

ということで、およそ4割の若者は、経済がすべてに優先する働き方や仕事中心の生活はいやだと感じている。彼らは無理をしてまで正社員にならなくてもよいと感じ、その感覚に従って実行する、というように若者の実態や意識の方が現実の雇用慣行より先行しているのである。

ひきこもりのきっかけとしての「労働」

『内閣府　ひきこもり調査』では「現在の状態になったきっかけは何ですか」という質問をしている。結果は「職場になじめなかった」「就職活動がうまく行かなかった」という仕事や就職に関するきっかけでひきこもった者が合わせて44％で最も多かった。精神科医の吉川武彦は「一般群の中にひきこもり予備軍がいて、ふっと落ち込んでしまうとひきこもる可能性がある（第3章参照）」と述べたことを紹介したが、この結果を見ると「ふっと落ち込んでしまうとき」とは「職場になじめない」「就職活動がうまく行かないとき」の可能性が高いといえる。

もう一つ別の統計を見てみよう。『労働経済白書（平成23年版）』では、新入社員の会社選択の理由の推移を示している。それによると２０１０年で最も多いのが「自分の能力・個性が生かせるから」で35％、次が「仕事がおもしろいから」である。いずれの理由も71年にはそれぞれ19％、6％に過ぎなかった。この二つの統計調査から次のことが推測される。つまり近年、高校や大学では「あなたの適性・個性に合った職業を選びなさい」という進路指導の傾向があることはすでに述べた。生徒、学生はそれが〈正しい〉職業選びの仕方だと信じ、自分の適性や個性とは何かと〈自分探し〉をする。その結果、自分に合った職業（と思われるもの）が見つけられたとしても、それにぴったりの職場があるとは限らないし、あったとしてもそこに就職できるかどうかは先方の会社が決めることだ。

70年代初めころまでは、自分の適性や個性に合う職業を選ぶのが当然という考え方はあまりなかった。職業選択の理由はとにかくお金を稼ぐこと、だから一番いやでなければいいだろうくらいだった。「適性・個性」と仕事は別だと思っているのであれば、例え仕事がうまくいかないとしても自分が悪いとか努力が足りない、やっぱり能力がなかったのかなどと考え、落ち込むことは少ない。しかし、「自分に合った仕事」が優先されるとなると、自分に合わない仕事だったり職場でうまく行かなかったりすると、自分を責め落ち込み、つまずく可能性が高くなる、それが高じたときはひきこもりになることだってあるということだ。

「今日の若者」にとって、「仕事・労働」はひきこもりのきっかけになりやすい時代であって、その背景には高校生や大学生に対する職業選択の指導方法が関係しているといえそうだ。

主婦と若者が重なるところ

ここで冒頭に紹介した雇われない働き方をしている「よい仕事研究交流会」の主婦たちの仕事に立ち返ってみると、彼女たちは「今日の若者」の仕事への意識と重なる点が多いように思う。

彼女たちの仕事内容の多くは長年の家事経験の延長線上、自分にできる射程範囲内にあった。そこで仕事に誇りと役立ち感を持っていて、いっそうの創意工夫を重ね「よい仕事」を実現していた。けれど、そもそも家事労働とは支払われないから家事労働なのであって、経済成長を陰で支えたという経緯はあるけれど、経済過程そのものに組み込まれているわけではない。「よい仕事」における彼女たちの労働は、経済過程に組み込まれようとしないばかりでなく、時として莫大な時間とエネルギーを使ってもほとんど収益が上げられないことがあったり、経済的にはマイナスといえる労働であったりするが、それを〈損〉と捉えない点にはっとさせられる。食事を作って食べてもらってそれで支払われるのはレストラン経営だからであるし、子どもを育てて支払われるのは保育士さんだからだ。いったん支払われると、その労働は〈商品〉になってしまう。そういうことからすれば経済を度外視したところでなければ「よい仕事」は成立しないのかもしれないし、そうでなければ自分の労働を商品として売ること、経済過程に組み込まれることに巻き込まれざるを得ないのである。

また、彼女たちは自分の個性・適性に合っているからという理由で働いているわけではない。この仕事でなければ自分が生かせないという〈妙な〉プライドも、高望みも背伸びもなく、たまたまこの仕事につながっていったという偶然性に左右されているほうが強い。もちろん資格を取っている人もいるが、必ずしも専門的知識、技術を身に付けてやっているわけではない。「ニート」のまま仕事を始めた人もいるだろうし、だいいち彼女たちに「ニート」という概念はないのだ。あるのは家族にサービスをするときのあのごく自然な感覚で高齢者に接するという姿勢である。さらに福祉、介護、食、育児といった家事労働の延長的な仕事は、厳しさやタイトな規則とは相容れないものだ。むしろ公私混同だっていいではないかというようなゆるさ、ルーズさがみられる。その根底には「私の人生は、仕事を中心に成り立っているわけではないのよ」という思いがあるように感じられる。「正社員でなくていい」という若者たちは、非正規雇用のほうがより人間らしい生活ができるからそれを選ぶのだが、それは仕事中心主義から解放された「よい仕事」を実践する主婦たちと重なっている。

第6章　定番でないライフコースを求めて

1　定番の気楽さと辛さを超えて

殺された〈現代の父〉

ひきこもりをテーマとする本書で、ドストエフスキーの小説を語るのはあまりにも場違いと思われるかもしれない。けれども、ドストエフスキーはロシアの知識階級の家族はもはや「偶然の家族」であるとして、その姿を描き出した小説がいくつもある。

ドストエフスキーの最後の大作『カラマーゾフの兄弟』はロシアの知識階級一家の物語で、ロシア文学中最も魅惑的、かつ通俗的な作品といわれる。一家の主フョードルには二人の妻がいたが、物語の始まる時点ではすでに他界している。残された３人の息子（フョードルの私生児とされるスメルジャコフを加えれば４人）は、よその人や召使に預けられっぱなしで育った。物語の初めころ、フョードルの屋敷に同居していたのは次男のイワンと料理人のスメルジャコフだったが、話の進展とともに一家は離散し、やがて崩壊していく。だからこの小説は家族崩壊の物語として読むこともできる。『カラマーゾフの兄弟』は1878〜1880年という帝政ロシア時代に執筆されている（日本で家制度を定めた旧民法が成立するのは1898年である）。今から130年もの昔、ロシアではすでに近代家族が崩壊しつつあった、そのようにドストエフスキーが見ていたという事実は大変興味深く、いったいその根底にはどのようなことがあるのかみていくことは本章にとって有意義だと思うのである。

カラマーゾフ一家の崩壊のプロセスという視点でこれを読むと、その発端には3人プラス一人の息子のうち3人までが父親の死を願っていたということがある。三男アリョーシャのそれは消極的であるが、アリョーシャは兄たちの殺意を知っていていながら見逃し、父を救えるのにもかかわらずそうしなかった。「兄弟の共犯が共通の罪を招いている」［注1　コンスタンチン・モチョリスキー、松下裕・松下恭子訳、2000、『評伝　ドストエフスキー』筑摩書房］。やがてフョードルは殺害されるが、実行犯であるスメルジャコフは裁判の前日に首をくくって自殺し、イワンはスメルジャコフに殺人をそそのかし（殺人教唆）、その後精神錯乱に陥って死の床に就き、長男ドミートリイは殺意は抱きながらも無実であったが〈父親殺害〉という誤審判決を受けてシベリアに送られる。結局三男アリョーシャだけが後に残る、というように一家は離散、崩壊するのである。容疑者と目されたドミートリイは逮捕され、裁判にかけられる（この時代すでにロシアでは民間から選ばれた陪審員を交えた裁判が行われていた）のだが、果たしてドミートリイが父親フョードル殺害の真犯人なのか、その真偽を決める〈誤審〉裁判が物語後半のハイライトの一つになっている。

　この裁判の終盤、すでに夜８時というときになって検事イッポリートは聴衆の前で大演説といってい い長い、長い論告を行う。そこでイッポリートはカラマーゾフ家について次のように聴衆に問いかける。

「ロシア全土にまで突然かかる悲しむべき知名度をかち得たカラマーゾフ家の家庭とは、どのようなものでありましょうか？（略）しかしわたしには、この家族の光景に、現代ロシアの知識階級に共通するいくつかの基本的な要素がうかがえるかに思えるのです」

　現代ロシアの知識階級の家族に共通する要素とは何か？　そこでイッポリートはこのフョードルという父親が３人の息子の養育を放棄し、裏庭で育て、子どもたちがよそに引き取られるのを喜び、やがて子どもたちのことなどまったく忘れてしまったと指摘する。そうしてフョードルは精神的な面はすべて抹殺され、性への渇望が異常となって、肉欲の喜び以外は何一つ人生に見ぬようになり、自分の子どもたちもそのようにしつけたと述べるのである。その結果、父親は息子たちの胸に憤りを積もらせ、やがて父親は息子に殺され、その報いを受けたのだと断言するのである。さらにイッポリートは次のように言う。

「でも、これが父親であったことを、それも現代の父親であることを、思い起こしていただきたい。これが現代の大多数の父親の一人であるといったら、社会を侮辱することになるでしょうか？　悲しいかな、現代の父親の多くは、あの父親ほどシニカルに自分の考えを表明しないだけに過ぎません。なぜなら彼らは、教育も高く、教養もより深いからであり、本質的にはあの老人（フョードル：筆者

注）とほとんど同じ哲学を抱いているのです」

イッポリートの口を借りたドストエフスキーは、フョードルのようにはっきりと自分の言動がどのようなものか表明しないものの、〈現代の父〉の多くはフョードルに共通するものを持っているというのである。フョードルに共通するものとは「（子どもに対して）何らかの精神的義務感がまったくないこと」であるという。そもそも父親というのは、小さなころから子どもの養育にかかわって、時には子どもの前に立ちはだかり彼らの生き方や考え方に精神的影響を与え、息子たちの求心力になる、そういう役目があるのではないか（と、ドストエフスキーは考えていたと思われる）。しかし、現実はむしろその逆であって、子どもは父親を嫌い、殺意さえ抱くようになったというのである。

19世紀末のロシアと現代日本は容易に比べられるものでないかもしれない。それでも父親を嫌い、殺意さえ抱くのはともかくとして、父親が子どもや家族にとって求心力になりえず何らの精神的支柱にもならないばかりか、父と母があるいは両親と子どもがそれぞれ別々のほうを向き、別のことを考え、ただ一つ屋根に暮らし食卓を囲むだけ、そういう「偶然の家族」は130年を経た日本でもおびただしい数に上るのではないか。

〈一家の稼ぎ手〉という役割

上野千鶴子は『近代家族の成立と終焉』〔注2　上野千鶴子、1994、『近代家族の成立と終焉』岩波書店〕で江藤淳の小説を取り上げている。そこで江藤が小説のなかで「父の欠落」と「母の崩壊」をえぐったことを引きながら、「そう思って見渡してみれば世の中には『恥ずかしい父』と『いらだつ母』があふれている」と述べている。さらに上野は、小島信夫の『抱擁家族』を引いて、「魅力のない家長」である主人公を次のように評した文章を載せている。

「この主人公がふれるところ、だれでも分裂し、動揺し、自分で自分が始末つかなくなり、それがみんな主人公にかかってくる。災いのもとはすべて彼にある」

カラマーゾフ家の家長フョードルは放埒、淫蕩ではあるが、道化者、守銭奴という負の方向ながら人々の耳目を集めてきたから「魅力のない家長」とはいえない。しかし、家族を「分裂」「動揺」させ、「自分で自分が始末つかなくな」ったことや、災いのすべてのもとが彼にあったことは、この小説の主人公と同じである。とすれば〈現代の父〉フョードルは、日本の父にも共通し重なるのではないか。上野はさらに同書で次のように指摘している。

「『父の喪失』と『母の崩壊』は、近代家族の終焉とともに常態化しつつある」

父親が子どもにとって精神的支柱になれなかった（ならなかった）ことは、家族の離散、崩壊にとってきわめて重要である。しかし精神的義務は果たさなかったけれども、〈家族を養う稼ぎ手〉、一家のパンを買い、飢えないようにするという重要な役目を担い、家族の消費生活を支えてきたのは事実である。ポール・ウィリスは反学校文化の「野郎ども」が就く肉体労働を家父長制という文脈で捉えつつ、次のように述べている。

「父親が持ち帰る給料袋は、ただその金額ゆえにかけがえがないというのではなく、男が実務の世界で格闘して手に入れたゆえにこそ家計の主たる収入と目される。甘っちょろい女の腕ではそれはできない。こうして男こそが一家の大黒柱、つまりは働き手となるのであり、女が働きに出るとしても家計の『足し』を持ち帰るに過ぎない。（略）男性の稼ぎの象徴としての給料袋が家庭の文化と経済を方向付けるのであり、男であれ、女であれそれぞれがこの袋に縛られているのである」〔注3　ポール・ウィリス、熊沢誠、山田潤訳、1996、『ハマータウンの野郎ども』ちくま文芸文庫〕

精神的支柱にはなりえなかった〈現代の父〉は、その給料袋ゆえに経済的支柱になりえたのである。少なくとも終身雇用、年功序列賃金という日本型雇用慣行の中であれば（また、その給料袋に縛られているということに眼をつぶれば）一家を率いる〈長〉でありえた。このことだけでなく、実は給料袋には別の重大な価値もあった。

「脱青年期」の登場がもたらしたもの

給料袋による経済的保障があれば子どもを生み育て、学校にやり、卒業させることができる。やがて子どもは就職して家を離れ、結婚し、子ども（孫）を生み、家族を形成して落ち着いた生活をするようになる。定年まで勤め上げたあかつきは退職金と年金を手に入れ、老後を安泰に過ごすという安定した定番のライフコースを歩むことができる。少なくとも親世代はそのようなライフコースを歩む者がメジャーであった。そういう人たちがこのコースを外れることを想像するのは難しい。子どもを「いい大学」に行かせ、「いい資格」を取り就職させるのに、親だったら誰しも一生懸命になる。それは、ひとえに定番のライフコースから外れないようにするためだ。

「定番のライフコース」とは、あるライフステージから次のライフステージに移行することが目に見えてわかり、それが速やかに進んでいき、そのカテゴリーに入れば社会が彼／彼女を「そのような人」と見てくれることを指している。このことは一見何でもないように思えるかもしれない。しかし、定番のライフコースをたどることは、自分が今どのような身分であるか社会においてどのカテゴリーに属しているのかが自然に決められ、明確にされるのである。それによって社会が認める一定の身分、カテゴリーに属するわけで、それはまるで動く歩道に乗っているかのように、何も説明しなくてもあとは雇用慣行や社会保障制度、社会通念がいいようにやってくれる。このことは日々の生活において限りない心理的、精神的安定をもたらしてくれるのである。

けれどもこのことは反対からみれば、学校に行く年齢なのに行っていなければ「不登校」とみられ、学校卒業時に就職できなければフリーターや〈プー太郎〉といわれる。また、リストラに遭ったとかやむを得ず退職した、あるいはいつまでも結婚しない（できない）で未婚でいる、結婚しても子どもが生まれない（生まない）場合は、「どうしてなの？」という質問と視線がつきまとい、辛く煩わしい思いをする場合もある。つまり、人生をライフステージで区切ってそのカテゴリーに属するのが通常という考えや慣行は気楽さがある一方で、辛さ、不自由さを作り出す。

ところで私は教員だったころ、授業で生徒に「あなたの高校卒業後のライフコースを図表にしなさい」という課題を出したことがあった（取り立てて私だけがやったというわけではなく、この内容がカリキュラムに盛り込まれていたのである）。生徒は高校卒業後大学に行き、その後就職し、何歳で結婚し、何歳で第1子を生み、第2子は何歳、そうなると妻はいったん仕事を辞めて……、いつ復帰すればよいのかなどを書き込むのである。しかし、そもそもこの課題が成り立っている背景には、就職、経済的自立、結婚、家族形成に収斂した〈定番のライフコース〉をだれもが歩める、歩むのが当たり前という20世紀的価値に基づく楽観的前提がある。それが可能な時代はもちろんあったし、そのよさもある。けれども、いまや若者が大人の地位を得るためには、結婚や親になることが必要要件ではなくなっていて、いくつかのステージは飛ばされ、順序が逆転になることもある。若者は30代を超えてもなお親への経済的依存が続くこともまれではない〔注4　G・ジョーンズ、C・ウォーレス、宮本みち子監訳、2002、『若者はなぜ大人になれないのか』新評論〕。こういった「脱青年期」と呼ばれるライフステージはあのころの授業ではなかったし、不登校のままひきこもるというライフコースは〈いけないこと〉として無視されていた。

しかし「脱青年期」にいる若者は学校を卒業していない場合もあるし、就職、結婚、家族形成もしていない状態だ。英、仏では早くから家を離れることが強いられ、若者がホームレス化することも多い。日本ではこの時期に当たる若者はもちろんさまざまな資格取得に挑戦したり、世の中を広く見てまわったりなど意欲的に過ごす人もいるだろうが、ニート、ひきこもりとなることもある。ともかく「脱青年期」という期間が登場したことは、定番のライフコースという動く歩道から外れる場合はありうるのだという認識が広まったことを意味している。不本意にせよ意図的にせよこのような時期を若者の多くが辿るようになったことは事実だし、それは単にライフコースの一部変更ということに留まらず別の波紋を作り出している。

非正規雇用の増加は異性との交際を減少させる？

第5章では、若者ことに若年男性では一般群、ひきこもり経験群にかかわらず非正規雇用が増加し、非正規雇用でもいいと考える傾向があることを述べた。内閣府の実態調査によると、20～30代男性の既婚者で年収３００万円以下の者は９％しかおらず、男性の結婚の分岐点は年収３００万円だという［注５　朝日新聞、２０１１年５月12日が報じた。内閣府が２０１０年に20～30代男女１万人を対象に行ったインターネットによる調査結果］。現実では男性が結婚というライフステージに乗るには、経済力が大きな要因となっていることを示している（ちなみに年収３００万円の賃金を得ている男性は、20代だと１割強、30代前半で３割、後半では５割である［注６　厚生労働省、平成20年、『賃金構造基本統計調査』］）。また、18～34歳の未婚男性の87％が「いずれ結婚するつもり」と考え、「一生結婚するつもりはない」はわずか７％である［注７　国立社会保障・人口問題研究所、『第13回出生動向基本調査』］。そうだとするなら、男女とも非正規雇用で稼ぎ、一家の総収入を高めるという結婚形態もありの時代になっているということだ。けれども、男性が一家を支える給料袋を持ち帰ることができなくなった（非正規雇用の増大とその肯定）にもかかわらず、やっぱり〈男性が一家の稼ぎ手〉という家父長制にもとづく役割分担意識と、その稼ぎに頼ることで、両性間のロマンチックな関係がつくりだされる、そういう根強い意識がある。男性が稼ぎ手になり、それに女性が寄り添うことで、ロマンチックな関係がつくられるというのは、まさに20世紀的価値観であるが、この価値観に縛られていることが、非正規雇用同士の結婚の障害になっている。

　別の調査を見てみよう。『第14回出生動向基本調査』によると「交際している異性がいない」未婚男性は61・４％、女性は49・５％に上る。このうち交際自体を望んでいない人は男女とも45％であり、「一生結婚するつもりはない」と考える独身志向の未婚者は男女それぞれ９・４％、６・８％である。

独身でいる理由は20代前半までは男女とも4割が「必要性を感じない」からだという〔注8　国立社会保障・人口問題研究所、『第14回出生動向基本調査』〕。「いずれは結婚したい」とほとんどの若者が考えているにもかかわらず、異性との交際などの調査結果は結婚への意志とは裏腹である。男性が給料袋を持ち帰れなくなったこと（非正規雇用が増えたこと）が、異性との交際の欲求にまで反映しているように思われる。

働かずに生きていくには

加えて第5章では「正社員にはなりたくない」「できることなら働きたくない」という若者を紹介した。ことに「できることなら働きたくない」と発言することはかつてであれば不道徳、怠け者と呼ばれたものだ。しかし、彼らが働きたくないと思うのは必ずしも道徳や規範の問題ではなく、労働状況、労働観やライフコースの変化からくるものである。要するに若者は「就業」という重要なライフステージをも飛ばしてよい、そう考えるほどになっているのではないか。

それにしても、うつやひきこもりで働きたくても働くことができない人が実際に増える今日、このことは真剣に考えざるを得なくなっている。一生働かずに生きていけるかどうかは、やはり多くの人にとって死活問題だ。

しかし、この問題はすでに国がまじめに考え、検討しているのである。

内閣府で出された『ひきこもり支援読本』がそれである〔注9　内閣府、子ども若者・子育て施策総合推進室、2011年、『ひきこもり支援読本』〕。同書は第5章で「親が高齢化、死亡した場合のための備え

〈生活維持のための自助〉」という章を設け、ファイナンシャル・プランナーが執筆している。筆者は「ひきこもりが長期化し、子どもがひとり残されたときどうやってくらしていけばいいのか、生活は成り立たなくなるのか」という問いを立て、「答えはノーだ」と冒頭で述べるのである。つまり、一生働かなくても親が持つ資産額、あるいは持ち家の状況によっては、お子さんの生涯の生活設計まで立てられるケースがいくつもある、だからお子さんが働かなくても一生食べていけるような〈サバイバルプラン〉を提案していく、と述べているのである。

この章を読み進めると「第一にこのプランを左右する大切なことは、お子さんの一生の住まいが確保できるかという点である」としている。「第二にすべきは親の資産と負債を洗い出すこと」「第三として親の高齢に伴う介護施設への住み替えの検討の必要性」さらには「お子さんが障害基礎年金や老齢基礎年金がもらえるかどうかの検討」と記している。そのうえで「親の遺産を相続するときのお子さんのサポート体勢が必要である」、というように順序だてて述べられていく。そして、年間収入と貯蓄残高のシミュレーションを行い、お子さんが生きている間に親の資産が底をつくか、底をつくとしたら何年後か、足りないのはいくらかを算出する方法を示している。シミュレーションでは生涯の不足分は２９２万円とはじき出している。そのうえで筆者は「このくらいの額であればお子さんが月２万５千円貯金できるほどのアルバイトを10年すればカバーできる、よって働かずにくらすことは可能である」と結論している。大変具体性に富んだ実効性のある提案であって、この方法はいざというときのために胸にたたんでおくことは決して無駄ではないと思われる。

ひきこもり支援というカッコつきであるにしても、結婚や家族形成はおろか、異性との交際も就業も場合によっては学業終了というライフステージも飛ばして、社会から切り離された状態に置かれた人が、それでも生きていける、そういった「サバイバル」術を国が提案しているのである。が、この提案はひきこもりに限らず今後多くの若者にとって必要性は増していることではないか。いまやライフコースに関してはそういう時代になったことをまずは確認しておきたいと思う。

2　若者はライフコースをどのように捉えているか

一般群は「定番」を肯定

ここで『２０１１年　ひきこもり調査』のライフコースに関する結果を見ていきたい（以下、質問を（1）～（5）と表記する）。

（1）「これまであなたの行き先の決め方は主としてどれでしたか」という質問をした。その結果一般群は60％が「ほとんど自分で決めた」「だいたい自分で決めた」であったが、ひきこもり経験群は39％であった。反対に「自分で決めたことは少ない」「ほとんど自分で決めなかった」をあわせると一般群は11％に対して、ひきこもり経験群は28％だった。このことからひきこもり経験群は一般群よりも他者（おそらく親）が用意したレールを歩む傾向が強かったことがわかる。

（2）「定番のライフコースについてどのように思いますか」という質問した。その結果「人間としてだれもが歩むべきもの」と答えた者は一般群で33％、ひきこもり経験群は19％だった。反対に「ライフコースは個人の自由である」は一般群が38％、ひきこもり経験群50％だった。このことから一般群のほうが定番のライフコースを支持する傾向が強く、ひきこもり経験群のほうが決まりきったコースを歩むことより、その人（自分）の自由を重んじたいと考えていることがわかる。この結果は、ひきこもり経験群のほうがこれまでの行き先をほとんど親が決めてきたこと、これに対する一種の反動、反発の気持ちが強いためかもしれない。あるいは、ひきこもり経験群は〈ひきこもり〉という定番を外れた道をすでに歩んできた自分を振り返って、定番コースを逸脱している自分を肯定的に捉えている、あるいは捉えたいのかも知れない。

（3）「あなたが希望するライフコースはどのようですか」という質問をした。学卒、就職、結婚、家庭形成すべてをこなす定番のライフコースを望む者は一般群で57％、ひきこもり経験群は30％であった。「定番」に「子どもはなくてもいいから結婚まではしたい」という者を合わせると一般群は71％、ひきこもり経験郡は45％であった。これに対してライフイベントのうち「いずれもこなさなくてよい」と答えた者は一般群6％に対して、ひきこもり経験群は25％であった（グラフ17）。この質問に対しても、一般群とひきこもり経験群との差は、はっきりしている。一般群は定番のライフコースはだれもが踏むべきと考える傾向にあり、自分自身もそのような人生を目指して歩みたいと考えている。しかし、ひきこもり経験群の半数は「ライフコースは個人の自由」と考えているわけで、だから3割は「定番」を選んでいるものの、「学卒と就職はこなしたい」「いずれも必ずしもこなさなくてよい」がそれぞれ27％、25％というように、回答が3つに分かれている。つまり一般群は「定番は親をはじめ世間的に多くの人が歩んでいるコースで、安定と幸福が保証されている、だから自分もそう

グラフ 17

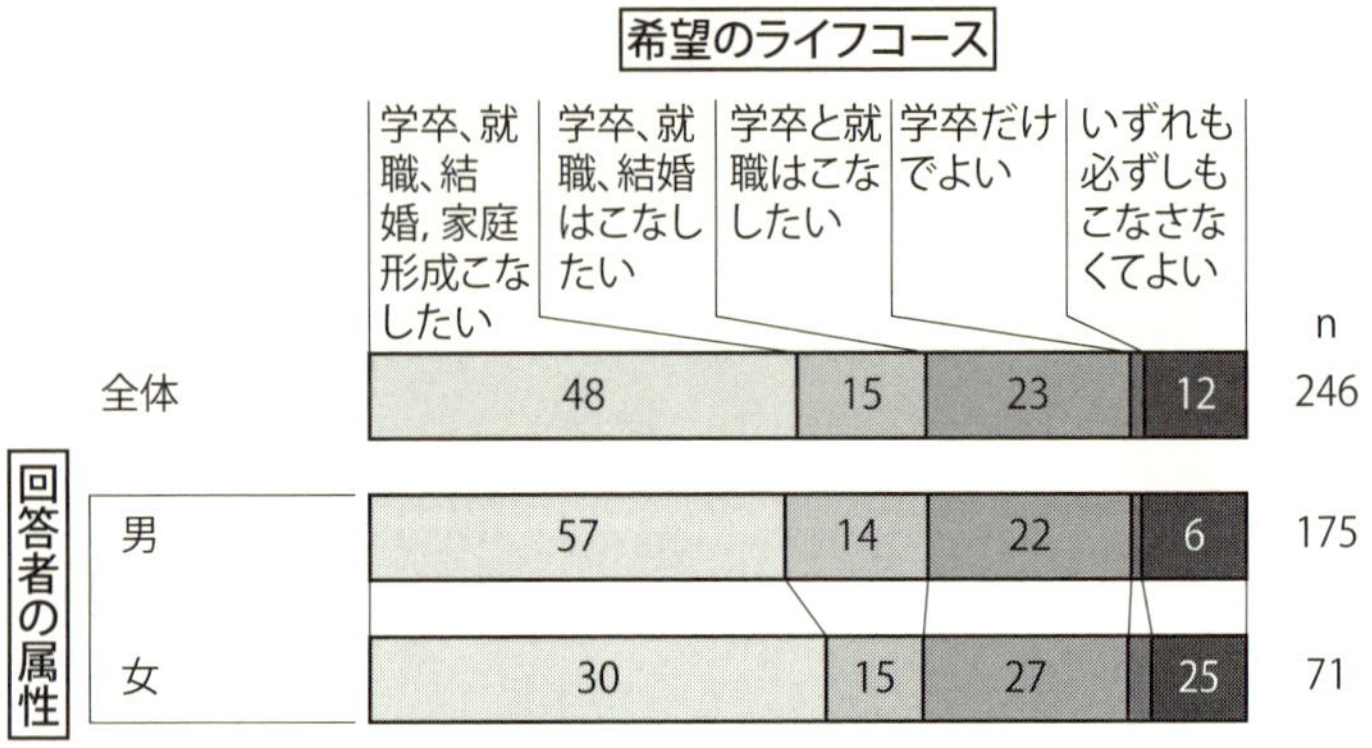

したい、あるいはそのようにできるはず」と考えているのではないか。しかしひきこもり経験群は、一般群ほど「定番」だけを支持する傾向は見られない。

「定番」そのものが変わっている

さらに「あなたが年収３００万円の非正規雇用だと仮定して、結婚をどのように考えますか」という質問をした。これを（4）「理想」と（5）「実際」に分けて回答してもらった。その結果はグラフ18、19の通りである。「年収３００万円、不安定雇用でも結婚したい」「できるならしたい」をあわせると「理想」では一般群59％、ひきこもり経験群56％というように半数を超えた。「実際」はそれぞれ35％、43％であった。「多分しない」「結婚は考えない」をあわせると「理想」は両群とも22％と同数であり、「実際」はそれぞれ34％、32％であった。

この結果は前の質問（2）（3）の結果とは違う特徴がみられる。つまり一般群とひきこもり経験群

グラフ 18

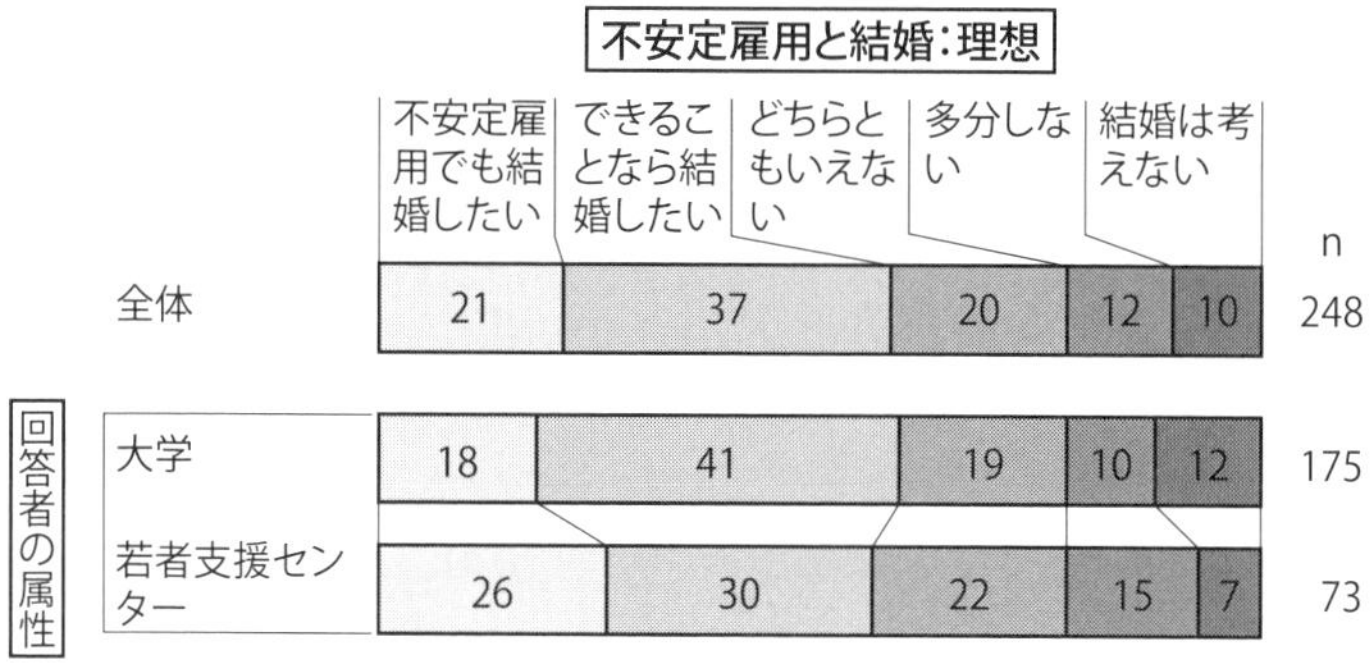
不安定雇用と結婚：理想
不安定雇用でも結婚したい
できることなら結婚したい
どちらともいえない
多分しない
結婚は考えない
n
全体
21
37
20
12
10
248
回答者の属性
大学
18
41
19
10
12
175
若者支援センター
26
30
22
15
7
73

グラフ 19

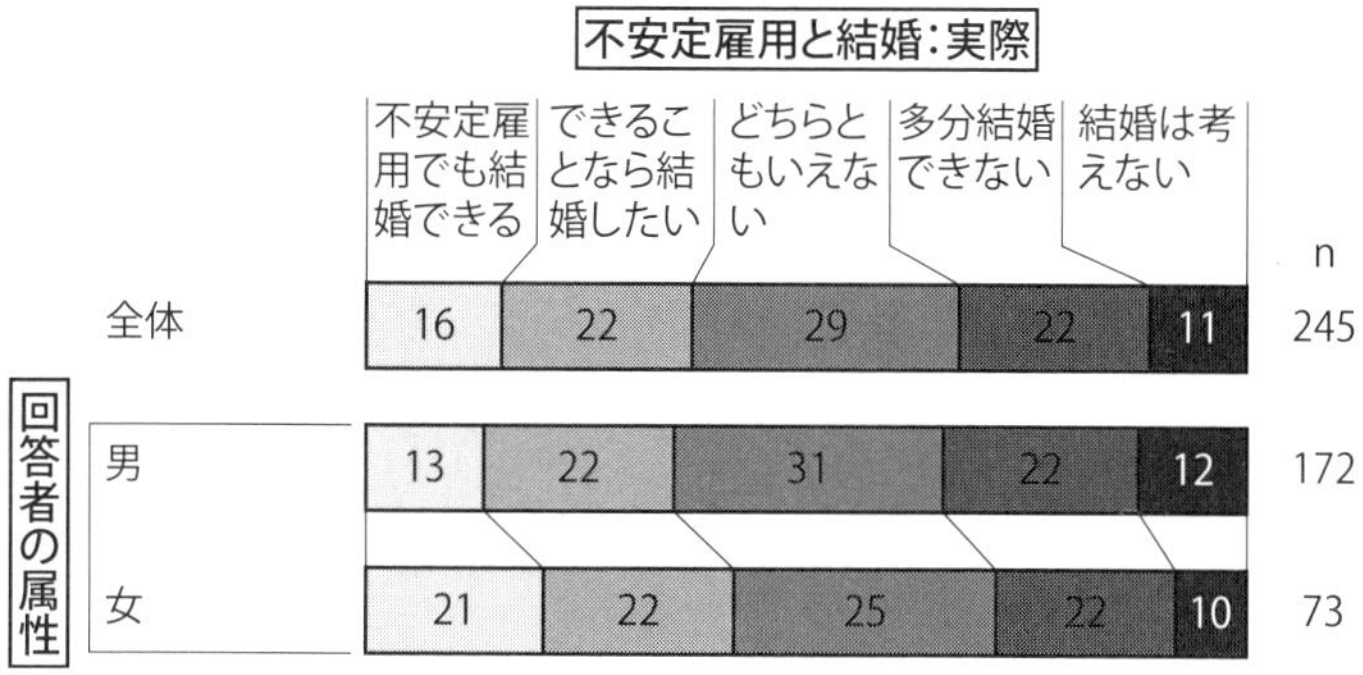
不安定雇用と結婚：実際
不安定雇用でも結婚できる
できることなら結婚したい
どちらともいえない
多分結婚できない
結婚は考えない
n
全体
16
22
29
22
11
245
回答者の属性
男
13
22
31
22
12
172
女
21
22
25
22
10
73

とに大きな差が見られないのである。「年収300万円、不安定雇用」の結婚は両群とも半数以上が「それでもしたい」と考えているものの、「実際」になると（一般群のほうが24ポイントも減少するものの）両群とも減少する。特に「実際」の結果は、両群とも「結婚できる」「できるならしたい」がほぼ3〜4割、「どちらともいえない」が3割くらい、「多分できない」「考えない」も3割ほどというように、回答が3分しているのである。

質問（2）（3）結果では、一般群は定番のライフコースに賛同する傾向があった。しかし、その同じ一般群の6割は「理想」として「年収300万円、不安定雇用であっても結婚したい」と答えているのである。ということは彼らにとって「年収300万円以上、安定雇用」は必ずしも結婚の要件になっていない、あるいはこの要件を満たすのを待っていたらいつまでたっても結婚できないと考えているからではないか。しかし不安定雇用は失業のリスクが高いからそのうえでの結婚となれば、もはや「定番のライフコース」とは呼べないかもしれない。より現実に則して言うなら若者のなかで「定番」そのものが変わっている、ということではないか。つまり、一般群もひきこもり経験群も今日では非正規雇用は避けられないことと考えている。一方一般群はそれでも「定番」のライフコースを歩みたいと思っている。しかし彼らの多くが考える「定番」とは「年功序列、終身雇用」にもとづく正社員としての就労ではなく、派遣や契約、時にはアルバイトも含めた雇用をも想定しているということだ。

「雇用」に続いて「ライフコース」のアンケート結果も私の予測が大きく外れた。当初、ひきこもり経験者は一定の割合で「年収300万円、不安定雇用」でも結婚を考えるだろうが、一般群の多くは考えないだろうと思っていた。しかしひきこもり経験群はもちろん一般群もともに半数以上が「年収300万円、不安定雇用」でも「結婚できる」「できるならしたい」と答え、ともに3割強が「多分結婚はできない、結婚は考えない」と回答したのである。つまり、この回答に関して両群に違いがない、同じような傾向なのだ。第5章では両群を分けずに「今日の若者」というようにくくった。そのうえで「今日の若者」は非正規雇用を否定せず、経済的豊かさよりも楽しい生活を望む傾向があり、彼らのうちおよそ4割が仕事中心よりも生活そのものを楽しむ暮らしをしたいと考える傾向のあることを確認した。同様にライフコースに関してもひきこもり経験者とそうでない若者を分けずに「今日の若者」というくくりでみたほうがよいということだ。

一般群、ひきこもり経験群にかかわらず「今日の若者」は雇用形態、労働観、ライフコースに対する考え方にそれほど大きな差はない、つまり両者の境界線はあいまいになっているといえるだろう。

3　結婚・家族も非正規で

普通の若者がひきこもるとき

一般群とひきこもり経験群とでは雇用形態や労働観、ライフコースに対する考え方で大きな違いがなく、両者の境界線はあいまいになっている、ということは精神科医の吉川氏が指摘するように（第3章で紹介）普通の若者が、たとえば就職をきっかけにひきこもる、そういうことが当たり前に起き得るということだ。そこには若者がひきこもるプロセスとして、高校も普通に通って大学に進学し、一時は正社員の経験もあるというごく普通の、あるいは優秀といったほうがよい人たちが、そのまま仕事を継続して定番のライフコースをたどることができずどこかで何らかのきっかけで逸脱し、定番から外れ、やがてひきこもるというパターンを見出すことができる。いったん定番から外れると元のレールに戻ることが難しく、やがて定番から外れ、逸脱したライフコースを受け入れざるを得なくなっていく。このような人たちはこのことをどのように捉え、考えているのだろうか。

2011年も押し迫ったある日の夕暮れ、私は原田英一さん（仮称34歳）に会うため指定された喫茶室に出かけた。英一さんは店の前で待っていて声を掛けてくれた。細身の身体に黒のジャケットにパンツ、黒の鞄を下げていた。チェーンスモーカーというほどではないが、話をし、コーヒーを飲む以外の時間、白く細い指からタバコが切れることがなかった。席に着くとすぐ英一さんはどこから話したらよいでしょうかと言いつつ、「大学までは普通でした。就職は世間的に厳しいといわれていた年でしたが、それでも銀行などいくつか受けました。でもまじめに就活はしなかったし、結局就職もしませんでした」と実に手際よく話し始め、如才のなさと機敏さを覗かせた。

大卒後就職しなかった。それでは彼は4月からどのようにしたのだろうか。彼は大学在学時から麻雀荘に出入りしアルバイトもしていたため、卒業後もそこで働いた。マージャンは結構楽しく、それでお金も稼げたので8ヶ月くらい続けた。8ヶ月で続けられなくなったのは、それまで同居していた彼女が遠方の勤務地に転勤になったという事情がある。つまり、部屋代を二人でシェアしていたのだが、英一さん一人で借りるのは難しかったためだ。結局彼は実家に帰り、そこから通える正社員の塾講師として働き始めた。塾長という人は教育熱心だった。彼はそれに合わせるように授業の準備、テスト作成、採点をこなし、それらが終わると夜の12時近くになっていた。それでも翌朝学校の前に行ってビラ配りをすることもあって、そういう時は近くのビジネスホテルに泊まった。休みなしの仕事が続くなかで2年ほどが過ぎ、ある日職場に行くのがいやになり、過酷な正社員の仕事は辞めようと思い退職した。26歳だった。

そのまま何もしない日が続き、やがて一歩も外に出なくなり、ひきこもり生活が1年半続いた。彼を誘ってくれたのがＮＳのレンタルお姉さんである。1年余りのレンタルのあとＮＳの寮生活を始める。28歳のときだ。その後、ＮＳに留まりスタッフの一員となり、ひきこもりについての講演会を開いたり、レンタルお兄さんになったりという活動をする。４年ほど過ぎたとき「潮時かな」と思いＮＳを卒業する。その後、都内で再び塾講師の仕事に就く。そこは難易度の高い進学校向けの塾で、生徒が望む学校の合格指導を行った。しかし、英一さん自身は自分が指導している受験勉強というものが子どもたちにとって、本当の生きるための学びにはなっていないことを承知していた。彼の考えでは受験勉強は学校に入るための手段に過ぎないのである。だから塾講師に力を入れれば入れるほど本来自分が考える「教育」とはかけ離れ、ギャップが広がり自己矛盾を起こしていった。結果、塾講師を辞めることになる。32歳であった。

その後、アルバイトとしてクリーニング店の店員などをしながらくらす。このころ5歳年下の女性と同居を始める。彼女はパン屋のアルバイト店員だったが、周囲の友人たちが次々に結婚し、子どもを生むのを目の当たりにして、英一さんに結婚しようと持ちかけた。しかし、英一さんは今のような同居は実態として結婚と違わないのだから、法律婚をする必要はないしその気もないと答えた。結婚をめぐる彼女との意見は平行線のまま交わることがなく、結局彼女の方が「結婚したくない人と一緒にいても仕方がない」と言って出て行った。

その後彼は携帯電話のデータ管理の会社に3年間の契約で派遣社員として就職し、現在に至る。今の会社は週休2日、終業は5時半、残業はなく、体力的にラクである。同じフロアには60人くらいの人が働いているが、正社員は課長だけであとはすべて派遣か契約社員だ。一緒に働いている派遣の人も正社員にこだわっていない。ひきこもっていたころは、社会から逸脱していると感じていた。でも今の職場には〈逸脱している〉人が沢山いる、だから逸脱しているとは感じない。正社員になって定番のライフコースに乗った方がむしろ不自由ではないかと思う。あと2年半で契約は切れるけれど、更新するかどうかは決めていない。そのときになって考えればいいと思っている。10年先のことなど考えていない。とりあえずあと2年半は今のところで働き、そのあとのことはその後考えればいい……。

英一さんは自分がひきこもり、そしてそこから抜け出した経緯を語り終え、ほっと一服吸った。

「オレが法律婚を拒否するわけ」

33歳のとき英一さんは同居していた彼女から結婚しようといわれた。しかし、彼は「同居を事実婚と考えれば実態は結婚とが同じだ。だからあえて法律婚をする必要がない」と言って同意しなかった。「事実婚と法律婚が同じというのであればちゃんと結婚したっていいではないか」というのが彼女の言い分だった。彼は彼女と別れてまで事実婚にこだわった、それはどうしてなのか。私はこの疑問を英一さんにぶつけてみた。彼は仕事がアルバイトで経済力がなかったからという理由を挙げた。確かにそれは大きい。けれども彼はそう言ったあとですかさず次のように弁明した。

「単なる同居だったら、独立した個人と個人が一緒に暮らしているという感じではないですか。だから、必要なときに接点を持ってそうでないときはお互いの時間や空間を尊重できるし、精神的に自由でいられ気もラクですよね。それが結婚するといろんな枷ができてきて個人の境界が薄れ、接する度合いも高まってしまいます。ともするとふたりはまるで同心円のようになって（もちろんそれがいいと思う人はいますが）、時間も空間も精神面での自由もなくなって、空気みたいな存在になる。そうなると緊張感もなくなっていくでしょう、そういうのにオレは耐えられそうもないのです。

これを雇用関係に例えると、法律婚は正社員で、事実婚や同棲は派遣や契約社員のようなものです。派遣や契約社員なら決められた時間だけ働いて、残業とか休日出勤も断れる。だから事実婚は非正規労働者のようにルーズな家族関係でいられるけれど、でも正社員になったらそうは行かない。結婚したら例えばわずらわしい親戚づきあいがあるとか、子どもや妻を養わなければいけないという義務と責任が発生して、自分の自由時間も失われてしまう。法律婚は正社員の家族関係なのですよ。自分のルールとしては『サイフは別』なんです」

英一さんの主張は妻子を養う責任逃れをしているように聞こえるかもしれない。でも、本当はまったく違っていて、とてもラディカルなことを言っているのである。

法律にもとづく結婚・家族形成は、家族という〈職場〉の正社員になることだ、けれども事実婚や同棲なら、その〈職場〉では非正規労働者でいられる。だからカップルの解消はそんなに難しくないし、第一家族に対して厳しい義務や責任を負わなくてよい。自分はゆるくルーズにつながった非正規労働者でいられる〈職場〉や人間関係でないと耐えられそうもない、と言っているからだ。ここで大事なのは義務とか責任を負いあい、主張しあう夫婦関係というのは実は信頼関係が薄いことを前提にしているからではないの、本当に信頼しているのならゆるく、ルーズにつながった関係の方が快適で長続きするのではないの、そういう問いかけがあることだ。

「雇用」と「結婚」は一体でないほうがいい

戦後、自由恋愛による結婚がほとんどになったというけれど、それは正しくないと思う。正確には結婚がより国家の独占的事業になったと言ったほうがよい。不自由でも法律による結婚でなければいろんなことで損をするようにしてしまった。しかも雇用と結婚は切り離せなすことができず、密接につながるようにしていった。つまり、男性は正社員、終身雇用で働き、女性はその庇護の下に家事育児をするという家父長的性別分担カップルを国のモデルにした上で、みんなこれに乗らざるを得なくなり、そうすると必ず20世紀的経済システムに組み込まれて行くようになった。

80年代にこのことに対して市民レベルでの反対運動があったけれど、ほとんど聞き入れられることはなく、むしろに配偶者特別控除などの形でシステムは強化された。世の中にはいろんなタイプの人がいるのに、雇用と結婚が一体化したたった一つの家族形態しか選べない。もし、離婚して母子家庭になれば貧困化する確率は高くなる、だからたやすくカップルの解消はできない。それは今の正社員の働き方と相似形で家族は（もちろん子どもも）窮屈で息苦しく感じるものだ。

　けれども、事実婚とか同棲のように（このことを英一さんは「サイフは別」と表現したのだが）必ずしも男性が妻子を養う形態を取らないのなら、つまり雇用と結婚を別にすれば、家族と一緒にいる窮屈さや圧迫感はずっと減少する。

　先の調査結果では「年収300万円、不安定雇用」でも一般群、ひきこもり経験群ともに「理想」は「結婚したい」がおよそ5割を超えたし、「実際」でも3～4割が「結婚したい」と答えた。この結果からわかることは「結婚の第一条件は経済力〈自立しないと結婚してはいけない〉」あるいは「男性が妻子を養う」と考えない若者が相当数いるということだ。さらに踏み込んでいえば若年男性の「雇用と結婚」に関する意識が変化しているということだ。これまで「雇用」と「結婚」でそのどちらを優先するかということは、もっぱら若年女性のテーマであった。それは結婚によって20世紀的経済システムに組み込まれることを前提にした議論だ。しかし、低成長で正社員の保障が薄れる時代になったいま、このテーマは別の意味で若年男性の問題になってきたというわけだ。

　正社員になるには間口が狭いうえに過酷さを伴うし〈自由な〉生活が縛られる。だが、不安定ではあっても非正規雇用のほうがずっとパイは大きいし、労働条件もゆるく、生活を楽しむゆとりもできる。正社員、法律婚、タイトな家族関係をつくるより、非正規労働者、事実婚や同棲、ゆるい家族関係のほうがくらしやすいし「幸せ」に生きられるかもしれないと考える男性が増えたということではないか。

　このアンケートでは「年収300万円、不安定雇用」という条件であっても「結婚したい」と回答する者と「結婚は考えない」という者とに分かれていた。が、それでは分かれるポイントとは何だろうか。それはおそらく雇用と結婚について20世紀的働き方と家父長的家族観にどれほど縛られているか、その意識の度合いではないか。

英一さんは話の最後を次のように締めくくった。

「大卒後〈逸脱〉したライフコースを歩み始めたのだけれど、30を過ぎたころから〈あきらめる〉ようになりました。僕の経験から言えば、ひきこもりから抜け出すためにもっとも大事なのは、仕事を探すことでも自立の道を考えることでもなく、とにかく一日3食きちんと食べてちゃんとした生活を送ることだということです」

「やりたいことのイメージがわかない」

英一さんと同様、大学卒業時に就職活動を熱心にやらず、正社員の経験したのにもかかわらずひきこもり、その後定番のライフコースから外れていった佐藤賢さん（仮称、40歳）に会った。賢さんは長身で痩せ型、ジーンズの上にTシャツとカッターシャツの重ね着というラフなスタイルで現れた。「オレもう40歳だからおじさんですよ。それでも参考になりますか」と言いつつ、これまでの経緯を手際よく話してくれた。

賢さんは国立大経済学部に通うのだが、3年になっても自分のやりたいことのイメージがわかず、就活は熱心にやらなかった。4年になって留年を考える。が、来年になったからといってやりたいことが見つかるわけではないと思いそのまま卒業する。とりあえずカラオケ店のアルバイトを1～2年やって辞める。その後貯まったお金でのんびり過ごし、お金が底をつくと2～3ヶ月働き、また貯まるとのんびり過ごすという生活を繰り返す。26歳の時、いとこががんで亡くなった。その様を目の当たりにして「いい加減に生きていてはいけない」と痛感する。これがきっかけで管財会社の営業部門に正社員として就職。毎日の仕事はかなりハードで、1週間の疲れがリフレッシュできないまままた次の週が始まるという生活が続いた。「これをずっと繰り返すのか」と思うと夢も希望もないように思われ、2年足らずで辞表を出す。

その後、また貯金で暮らす生活が始まるのだが、電話に出ないようにしていたため、おかしいと思った親が訪ねてくる。自分では最低限の生活は維持できていたのだけれど、実家に帰ることにする。29歳のときだ。親から「そんな生活でどうする、正社員になれ」といわれつつもペットショップなどでアルバイトをするが、腰を痛めたのをきっかけにアルバイトもやめてしまう。しばらく何もしたくなかったし、自分が何をすればいいのか検討もつかなかった。自分なりにいろいろ考えているのだが、そんな姿は親からすれば家でただゴロゴロしているようにしか見えなかったのだ。その後就活はもちろん床屋に行かない、風呂も入らない、食事もしない……というように何もしない閉じこもり生活が始まる。具体的に行動しない分、不安は余計に高まった。唯一不安を紛らわせてくれたのはホームページなどを作ったりできるパソコンだった。見かねた両親がレンタルお姉さんを依頼し、1年余りのレンタルの後NSの寮に入る。30歳であった。その後NSのスタッフを経て卒業し、アルバイトをしながら一人暮らしをはじめた。37歳のときアマゾンのアルバイトに就く。この仕事は今日まで3年余り続いている……。

社会のすき間でリッチに生きる

賢さんがアルバイトをしている「アマゾン」とは通販会社のあのアマゾンのことである。仕事場は広い倉庫で、そこには「ほんとうに何だってある」。端末機を1台持ち、そこに入ってきた情報を見て品物のある場所を特定し、ピックアップする作業が続く。この仕事は今後も続けたいという彼に、これまでの経緯を踏まえて仕事、労働についてどのように考えているのかを聞いた。

「いまの仕事は端末操作さえ覚えれば小学生にだってできる仕事ですよ。時給いくらの世界でやりがいはないけれど、これでお金をもらって生きていけたらいいと思っています。親ですか？　今ではこの仕事でよかったねと言ってくれます。オレは思うんですけれど、仕事をすることによってこんな人間になりたいとか成長したいとかいうのは無理があるってことです。オレは自分でやりたいことを見つける努力をしなかったわけですが、働くことである程度お金がもらえたらそれでいいと思います。自分のやりたいことを仕事にするのはしんどいです。自分のやる気がなくなったときは動けなくなってしまいますからね。仕事は自分のやりたいこと以外のことをするほうが自然に身体が動くと思います。

そうは言っても自分も努力すればちゃんと就職できたし、定番のライフコースを辿れたと思います。でも正社員もやってみて、そこまでして定番のコースを生きていかなければいけないのかと思うんです。定番をたどっている人は努力をした人だと思うけれど、運もいい人だと思います。そういう人はひきこもりの人たちに対して『努力すれば報われる』ということが多い。でも努力した結果失敗することだってあるでしょう。そういう場合は『自己責任だ』といわれる。成功し定番コースを生きている人は、成功の裏には運のよさもあったはずなのに意外とそれは見えにくいんですよね。だからひきこもりは努力しない人、自己責任は当たり前だと映るかもしれません。実際、そういう世の中を間違っているとはいいにくいですよね。

オレは長男なので親から期待されて育ちました。親はやればできる、なぜやらないのかというけれど、自分にはこれと思うこともやり続ける〈能力〉もないと思うのです。これまでのことを振り返って、もしひきこもっている若者がいたらまず〈あきらめるようにしよう〉というメッセージを伝えたいです。あきらめることで、自分がつまらないことに囚われていたことにはっとして、とてもラクになれるからです。自分自身のことを考えると、オレは高が知れている、だからできることをちょっとやればいいと思う。世の中でオレでも生きていけるすき間を探して、そこで生きていくほうがリッチな人生が送れると思うんです」

賢さんの「仕事で成長するのは無理がある」という言葉はとても新鮮に響きさわやかな気分にさえなれた。また彼は「自分は努力しなかった」という。けれど、彼は定番のライフコースから外れないようにと努力を重ねてきた。彼の大卒後の紆余曲折は「定番」を理想とし、自分が少しでもそれに近づくように、そのギャップを埋めようともがいていたプロセスである。がむしゃらにもがいてしまった結果、ひきこもりになったと思う。しかし彼は賃金労働によって自己実現が達成されることを疑っているし、「適性・個性と仕事は別」と考えている。さらに「自分にはこれと思うこともやり続ける〈能力〉もない」というが、それは自己否定や卑下のように聞こえる。彼自身のこのような自己評価を気質や体質という視点から見ると、元ひきこもり〈少年〉のあの「人ではない人」を描いた修二と重なってくるのである。それはベクトルがマイナス方向に向かうエネルギー、今風に言えばマイナスイオンを持つ人という意味である。そういったマイナスを認め生かせるくらし、それが賢さんの言う「リッチな人生」ということなのである。

再び、〈あきらめる〉ということ

賢さんはひきこもっている人に「あきらめなさい」というメッセージを伝えたいという。同じ台詞を英一さんも、そして第４章で紹介したレンタルお姉さんも異口同音に言っていた。それにつけても世の中「あきらめちゃだめ、がんばって」というほうが、賢い知恵ある言葉として使われ、美しく心に響くものとして賞賛される。だから「そんなに努力しないであきらめちゃいなさい」というのは怠けのススメであり、その人の人生を堕落の道へ誘う愚かな言葉と受け止められがちだ。

しかし「あきらめなさい」とは、いったい何をどのようにすることなのだろうか。私なりに思い起こしてみると、私は１９５０年（昭和25年）の生まれで、それなりに〈貧しい〉生活を実感できる時代を通ってきた。学校時代、能力も適性という言葉も無縁で、大学進学は高校3年まで縁遠かったし、外国旅行ましてや留学など考えたことはなかった（パスポートをはじめて持ったのは34歳のときだ）。当時、就活はおろか22歳の女性に企業からのまともな求人はなかった。唯一開かれ、使える門戸が公務員と教員だった。だから、将来こうしようとかああ生きようなどという希望や期待感を持つことはほとんどなかった。今日が明けたらまた同じような明日がある、それが人生というものだと思っていた、ところが70年代の就職とともに給料も預金の利息もみるみる上がり（利息は最大で８％をマークした）、結婚もし子どもも産み、さらに働き続け、海外に幾度も行きマンションも購入し退職金ももらい年金もつく……。そうしていわゆる定番コースを難なく歩むことができた。二十歳のころは考えもしなかったことである。しかし、定番コースを難なく歩めたのは、ほとんどと言ってよいほど努力したからでも私に特別な能力があったからでもない。そういう時代であったからちょっとのがんばりで何とかなった、つまりほとんど〈運〉のなせる業であった。給料が初任給の10倍近く上がるなどという時代はこれから二度と訪れないだろう。だからいま、私が若者だとして同じことをするにはあのころの何倍もの努力が必要だし、それでも無理ではないか。

だから私にとって「あきらめなさい」という台詞は、二十歳のあのころの状況を思い起こさせるのである。大学にいけたし、それなりに食べてもいけた、しかし将来に夢とか希望とかを抱くことのなかったあの時代に戻ることのように思えるのである。けれども夢や希望、適性や能力を浴びるほど降り注がれてきた多くの若者にとって、夢の実現は重い課題だ。したがって「あきらめなさい」という言葉は信用できるものではない。「あきらめちゃだめよ」という言葉のほうが思慮深く知恵者の言葉に聞こえるのである。しかし、知恵者というものはずるく立ち回って卑怯である。愚かに聞こえる言葉のほうが、正直で生一本で本質を言い当てている、なのに美しくないものだ。だから報われないことを承知で、それが美しい姿だと思ってあきらめずに努力する人がいるのであるが、そういうことで成り立っている世界はいくつでもある。

「ひも的結婚」を選ぶ

それにしても賢さんのアマゾンでアルバイトをするという生活は、「社会のすき間でリッチに生き」ているといえるのだろうか。実は、彼のいう「リッチ」とは先のマイナスイオンを持つこと以外、別の意味合いも込められているのだ。

つまり彼のいう「リッチ」には、「結婚」というライフステージに乗ったことが含まれている。しかもその結婚相手が、彼より収入の多い正規雇用で年下というのである。アルバイトの〈中年〉男性が公立学校の教員と結婚したという点で「定番」コースから外れた結婚なのだが、それが彼にとって「リッチ」な選択なのである。バリバリ働くのが苦手な彼に対して彼女は「その分私が稼ぐわ」と言ったという。それを聞いて内心ほっとしたものの、それでは自分は主夫ができるのだろうかという不安が募った。でも彼女にはマイナスイオンをかもし出す「ひも」が必要なのだと思った。だから彼女のその要望に応えて「ひも的な結婚」を選んだのだ。彼の場合従来の概念から外れているから「定番」と呼ばないほうが妥当である。

結婚を決めたポイントは二つあるという。

一つは彼女が30歳を越えるころ「結婚したら子どもが欲しい」と言ったことだ。「それをかなえてあげたい」と思ったこと。もう一つはあの２０１１年3月11日の震災での体験である。そのとき彼はアマゾンの倉庫で仕事をしていた。２時46分、ものすごい揺れに襲われ、棚に詰め込まれた品物もろとも床に叩き落され、「死ぬかと思った」。そのとき、やりたいことはできるうちにやっておいた方がいいと痛感したこと。結婚を決めた後、彼女の実家に挨拶に行ったのだが、それはとても気が重いものだった。６月に挨拶に行き、９月に役所に届けを出したが、いまだもって彼女の父親から口を利いてもらっていないという。

社会的にも経済的にも、いわゆる男女の立場が〈逆〉の「ひも的結婚」について抵抗はなかったのか、そのことを質問した。賢さんは「彼女は世間的な風潮に流される人ではないので……」といいながらも、〈逆〉の結婚をしていくためには考えを変えていかなくてはならない、それは自分のような〈たいした人間〉ではなくてもとても大変なことだったと述懐した。彼はその大変さについて「彼女とは実に８年間付き合ってきたのですが〈男の沽券とプライド〉を棄てるのに８年かかりました」と説明した。「定番でないライフコース」とは、20世紀的働き方と家父長的家族観に縛られず、自分らしい生活、生き方を選ぶことである。けれども、このコースを選ぶとなると賢さんのように「ひもで生きる覚悟」も必要だ。でも、女性で〈ひも的結婚〉を望む人は少なからずいる〈遅きに失したが私もしてみたかった〉。ということは、多くの若者は性別分担カップルを押し付けられるから結婚しなくなっているのではないか。

彼は最後に次のような素敵な台詞を残してくれた。

「自分はひきこもりによって今の人生がスタートしたのだけれど、こういう人生も棄てたものではなく、とてもおもしろいです。ひきこもった後の、今の自分が本当の自分だと思います。もともとオレはルーズな方だから、この後もうまく生きていけるかわからないけれど、ゆるく働いて家事をする、そのほうが自分に合っていると思います。もし彼女が学校の先生が大変で辞めたいと言い出したら、一緒にアマゾンで稼げばいいと言うつもりですよ」

第7章　ひきこもり的心性とは何か

1　社会的要因について

衝動は誰にだってある

これまでのところをお読みくださった方は、本書のいうところの「ひきこもり」とは決して精神の病を抱え、〈普通〉の社会からかけ離れたところに住む特別な人を指しているのではない、ということがお分かりいただけたと思う。本書のいうところの「ひきこもり」とはごく普通の現代を生きる若者につきまとう問題であるのだなあ、という感想もあわせて持たれたのではないか。それにつけてもひきこもりの当事者でも支援者でもなく、その研究者や心理学に明るいわけでもない私のような者がどうしてこの問題をテーマに据えたのか、いまひとつ合点がいかないという向きがあるかもしれない。そうであるとするならそのわけを記す必要があるし、そうでなくてもぜひとも語っておきたいのである。

本書の冒頭で「就職コース」少女について触れ、次の章で学校や社会に適合しがたいと感じる「３割」はいる生徒を登場させ、３章では元ひきこもりの〈少年〉たちを、そして第6章では定番でないライフコースを模索するふたりの若者にアプローチした。実をいうとここに登場願ったこれら一連の方々は一つの線上にいて、ある糸で結ばれているのである。そしてその線上のどこかに、あるいはずっと手前に私自身がいるのである。要するに私も含め一本の線上にいるこれらの人たちは、年齢も性別も生きている世界も時代も別々ではあるけれど、「ひきこもり」というひとつの糸でつながった人たちなのである。別の言い方をするなら、私がなぜ「就職コース」少女に惹かれ、「３割」はいるという生徒に共感し、元ひきこもり〈少年〉たちにアプローチしたのか、その理由は私自身がある部分で彼らと同じ〈臭い〉と触感、気質、体質を持っているからに他ならないからである。

すでに述べたように私は20年余り教員をやってきた。が、あるとき、そのときというのは淡い黄色のタートルネックのセーターを着ていたから冬だったと思うが、どこにでもある学校の校舎の長い廊下を歩いているときだった。学校の廊下というのはたいていまっすぐに伸びていて、その脇にゲージのように同じ寸法に仕切られた教室があり、そこには生徒がいっせいに教壇に立つ教師を注視するように机が並べられ、一定の時間生徒は教室から外に出ることは許されないのが通常である。その教壇に何年も立って授業をし、生徒を見渡すというのは私にとって慣れ親しんできた作業である。しかし、まっすぐに通った廊下を何気なく歩いていたその瞬間、その廊下と脇に仕切られた教室が反対側の窓に映る学校外の木々が茂って青空が広がる当たり前の風景とコントラストをなしているのに新鮮な衝撃を受け、一種異様な圧迫を感じたのだった。同時にふいにまったく青天の霹靂のように〈この風景をあと何年見続けるのだろうか、ちょっと耐えられそうもない〉という思いが沸き起こり、唐突に何の前触れもなく〈教員を辞めよう、辞めてしまいたい〉と思ったのである〈第2章で紹介した〈うつ〉になった教員、真理子さんもまた学校の廊下から見える光景に違和感を持ったという話しが思い起こされる)。

それはいったいなぜそのように感じたのか理由がつかめない、まるで何かの〈お告げ〉のようなものであった。人間というものは自分自身でまったくわからず合理的説明がつけられないのに、そうしなければいけないとかそうせずにはおられないという、衝動のようなものに突き動かされて行動することがあるものである。それから幾年もたってからこのときのことを思い起こしたのだが、まさにその衝動ともいうようなものに突き動かされて、それからおよそ1年余りの後教員を辞めたのだった。だからうつになったからとか大金が入って教員家業で稼ぐ必要がなくなったからとか、教師として失態があったとか、学校でいじめられたとか仕事が過酷で続けられそうもない等々というような事情はまったくなかったのである。もちろん辞めるには何かしら〈正当〉な理由が必要だ。だから、「大学院に行ってもっと勉強したい」という〈正当〉な理由をもうけ、自分にもそう言い聞かせたのだった。何かしら別のことを学んでみたいという思いに偽りはなかったが、それはあくまで表向きの口実だったと思う。なぜなら何かを学びたいのであれば、教員をしながらだってできないことはないからだ。本当のところどうしてなぜ辞めたくなったのか、あのときの衝動はいったいなんだったのか思い返すとわからずじまいであったから、ましてや他人にちゃんと説明できるはずもなかった。

その後元ひきこもりの人に多く出会い、彼らからいろいろ話しを聞く機会を得た。そのなかには確かに正社員として仕事が過酷でつらい、だから辞めてひきこもったという人もいた。あるいは学校でいじめられた、勉強がついていけない、宿題ができず学校に行きづらい、給食が食べられない、大勢の前でうまく話せないその結果不登校になり、その後ひきこもったという人もいた。就職に失敗したとか仕事が過酷だ、学校でいやなことがあったというのは、もちろんひきこもりのきっかけではある。しかしそれらは（私が別のことを学びたいからと言ったように）ひきこもるきっかけであって、〈本当〉の理由ではないのではないか、と感じたのだった。彼らの多くは、なぜ自分がひきこもらざるを得なかったのかわかっていないのではないか。それは私が教員を辞めたいと感じたその理由がわからないのと同じではないか。聞き取りをした若者のうちの幾人かが語った「このままずっとこの仕事をやり続けるのかと思ったら希望が全くないように感じられた」という台詞は、まるきり私と同じ心境に思えた。

「あのときの衝動とはいったいなんだったのか」という思いがずっと気持ちのなかでわだかまっていた。そしてその解答の手がかりが「ひきこもり」という現象に潜んでいるのではないかと思うようになったのである。

「就職コース」少女はどこへ行ったのか

ところで「就職コース」少女たちはひきこもりではない。にもかかわらず、なぜ彼女たちはその線上に存在するというのだろうか。その前にその後彼女たちはどこへ行ってしまったのか、考えてみたい。

「就職コース」少女たちが学校で存在できたのはおそらく90年代初めまでであろう。第6章に紹介した賢さん（定番のライフコースを求めない選択をした佐藤賢さん）は「社会のすき間を見つけてリッチに生きる」と言い、それを実践している。このことはひきこもり的気質、体質を持つ人たちにとって現代社会は生きられるすき間をその気になって探さないと存在するのが難しい現実を物語っている。すき間が見つけられない場合は、社会から撤退しひきこもることになる可能性が高いのだ。賢さんは幸いにもそれを探し当てることができた。少女たちにとって「就職コース」という枠組みは、例え勉強に関心がないとか、学校の規則や秩序を耐え難いと感じていても安心していられる受け皿でありいわばすき間であった。少なくとも90年代までは学校のあちらこちらにこういったすき間が存在していたから、彼女たちは学校から撤退する必要がなかった。「就職コース」はもしかしたら学校における最後のすき間であったかもしれない。

こういったすき間は90年代までは、生徒たちだけでなく教員の側にも存在した。例えば始終休みを、それも長期にわたってとる、定刻よりも早く下校する、授業に遅刻したり授業そのものをすっかり忘れたりして準備室にこもって出てこないとか、左右が別々の靴や靴下を平気で履いてくるとか、生徒のためにおやつのお菓子を常に用意してあげる……、そういった教員を数多く私は見てきたのだが、彼らは学校のどこかのすき間で暮らし、生徒にそれなりの影響を与えつつ一定の位置を占めていた。

ところで2000年代に文科省は〝個々の違いを認識しつつさまざまな人々が生き生きと活動できる共生社会の形成〟という考え方を提唱した［注1　2007年、文部科学省初等中等教育局長通知「特別支援教育の推進について（通知）」）。しかし、皮肉というべきなのか90年代半ば以降、この考え方とまったく裏腹としか言いようがないことが急速に広がった。病気になってはいけないという健康第一主義によって簡単に休む人や病気を排除するようになり、君が代を心を込めて歌わなくてはいけないという「愛国心」の広がりから歌わない人を排除するようになった。また、人とうまくコミュニケーションが取れなければいけない、自分の考えをきちんと述べなければいけないという考え方のもと口下手や付き合いベタな人はつらい思いをするようになった。落ち着いて勉強できないとか勉強そのものを嫌う生徒は別の場所に集められ、彼らに合った教育が大事とされるようになった。さらにパソコンスキルがなければいけないとか、人に依存せず自立精神を持たなければいけないなどなど、さまざまな〈いけない〉事柄がまるで〈真理〉であるかのように言われるようになった。そして、これら一定の枠組みに入らない人は行き場がないほどに包囲網があちこちで張られるようになった。この枠組みに入らないのは偏りがあるからだ、もっといえば異常なのだといわれ、一方で「偏り」や「異常」といわれた人を受け入れる受け皿がなくなったのだから彼らはすっかり行き場を失ってしまった。

ということは少女たちがいられる場所はいまや学校のどこにもなくなってしまったということである。彼女たちはいったいどこに行ったらよいのだろうか。学校外のフリースペースだろうか、コンビニストアの前の空き地だろうか、自宅のパソコンの前だろうか。「就職コース」少女は学校において絶滅種となったのである。

社会や学校にすき間がほとんどなくなった社会では、「偏り」のある「異常」な人は、そこで生きていくことを耐え難いと感じるのは当然だろう。このことがひきこもりを造り出す一つの要因になっていると思われる。

ひきこもりの構図

「ひきこもり」という用語が一般化したのは平成に入ってから、つまり90年代以降だ。それにしてもなぜ、80年代でも70年代でもなく90年代なのだろうか。90年代以降とそれ以前とではどのような変化があったのだろうか。

若者のほとんどが行く学校に関していえば、上述したようにいろいろな生徒が安心していられる場所＝すき間がほとんどなくなり、生徒であるならみんな勉強し、自分の目指す道を見つけそれに向かって努力するべし、つまりは「タイプA性格」を理想とする風潮が強まったことがまず挙げられる。教員であれば「不適格教員」にはさまざまな研修を課して「適格者」になるよう矯正し、適格者でなければ教壇に立ってはいけなくなった。世の中の趨勢からみると例えば病気はいけない、健全、健康でなければいけないとして検診や健診、病気予防や早期発見、アンチエイジング（年を取っても健康で若々しく）が言われるようになった。またバブルが崩壊し、経済の低迷が続くようになって完全雇用や社会保障制度が揺らぎ始めた。それと同時に、これまで社会的に弱い立場にある人をフォローするシステムとして重要な役割を担っていた労働運動や労働組合、さまざまな市民運動やフェミニズム運動などが次々に崩れたり、衰退したりしていった。このような変化はフリーター、若者無業者、ニートを増大させたし、病者、障害者、失業者、貧困者など弱い立場に立つのはだめなのだという風潮を作り出した。

要するに90年代半ば前までは「就職コース」少女が学校で安心できたようなすき間があったし、いろいろな価値基準もゆるかった。それが90年代半ば過ぎから急速にすき間がなくなり、価値基準がタイトになっていった。それらに追いついていけない人は行き先をなくしていった。それがひきこもりの増加、顕在化を引き起こしたのではないか。そういう側面から見ると、ひきこもりとは社会構造の中で必然的に生み出される現象といえる。

けれども同時に、同じ社会構造の中でもひきこもらない人がいる、今日の社会で同じような状況下で暮らしているにもかかわらず、ひきこもりにならない人のほうが多いのである。仕事がきつく長時間過密労働をこなしているにもかかわらず、また定年まで何十年も働いてきたにもかかわらずさらに再雇用、再任用されて働き続け、にもかかわらずひきこもりとは縁遠い人はたくさんいるのである。

つまりひきこもりは必ずしも社会状況によってだけもたらされる問題ではなく、個人的な問題、ある一定の気質や体質を持つというような個人によって生じる要因を考慮に入れなければならないことになる。

今日では多くの若者は携帯電話やスマートフォンを持ち、パソコンを操りそこから情報を得たり社会とつながったりしている。だからそれらの機器を受け入れたり人とつながったりするなら、近代合理主義的な生活にうまく溶け込んでいるように見える。けれども、実際にはその人は無自覚かもしれないが、そういった機器の操作ができ、それらの情報やネットワークとつながっていたとしても、無意識の底でそれらいわば近代合理主義的なあれこれによって、自分の生活基盤というものが築けないと感じている、そういうタイプの人がいるのではないか。ひきこもりはある社会構造の中で生じる社会的問題なのだが、それだけによって発生するのではなく、そのような社会に一定の気質や体質、心性をもつ個人が遭遇することによって発生する問題ではないだろうか。

それではひきこもり的気質、体質、心性とはどのようなものをさすのだろうか。以下では個人の内面、自我という点に注目して考えたいと思う。

2　自我意識について

なぜ絶望的な気持ちになるのか

『２０１１年ひきこもり調査』では、調査対象者自身が自分の性格や気質をどのように思うか質問した。質問のなかでひきこもり経験群と一般群との差が最も大きかったものは「死んでしまいたいと思ったことがある」という項目であった。「よくある」「時々ある」を合わせるとひきこもり経験群は52％に上るのに対して、一般群は23％であった（グラフ20）。さらに「絶望的な気分になることがあるか」という質問では「よくある」「時々ある」を合わせるとひきこもり経験群は64％、一般群は44％であった（グラフ21）。「絶望的な気分になる」のが一般群でも４割を超えているのは注目しなければならないのだが、それ以上に両方の項目でひきこもり経験群は５割以上が「よくある」「時々ある」と答えているのである。この結果を見たとき、近年の日本の自殺率が14年連続で３万人超であることが思い合わさり、少なからぬ衝撃を受けた。

グラフ 20

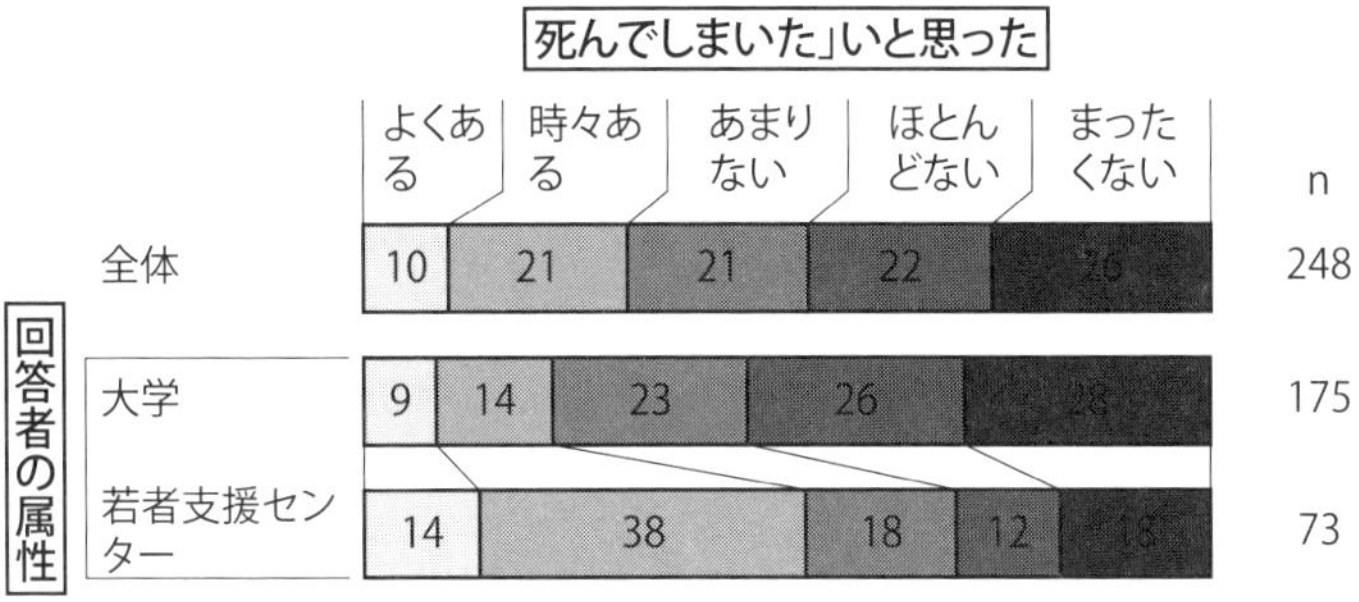
「死んでしまいた」いと思った
よくある
時々ある
あまりない
ほとんどない
まったくない
n
全体
10
21
21
22
26
248
回答者の属性
大学
9
14
23
26
28
175
若者支援センター
14
38
18
12
18
73

グラフ 21

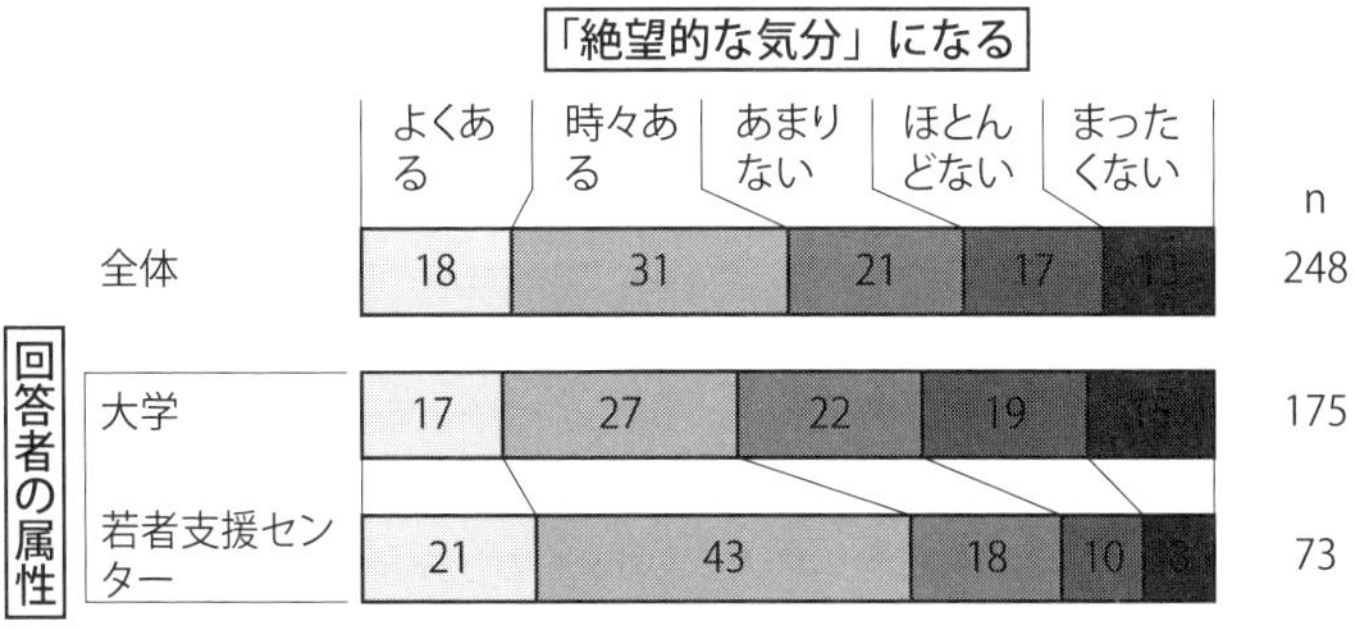
「絶望的な気分」になる
よくある
時々ある
あまりない
ほとんどない
まったくない
n
全体
18
31
21
17
13
248
回答者の属性
大学
17
27
22
19
15
175
若者支援センター
21
43
18
10
8
73

なぜこれほどまで絶望的な気分になり、死んでしまいたいと思う若者がひきこもり経験群には多いのだろうか。もちろん就職や仕事、人間関係がうまくいかないという理由はあるだろう。が、しかし根底のところには、より個人的問題いうなれば自我の問題が横たわっているように思われる。

古井芳吉は「古人はわれわれほど個人ではない」と述べている。つまり、近代以前の共同社会の中では自我を問題にしない生き方というのが普通であって、みんながするように自分も生きてゆけばよかった。ところが近代以降、ことに第二次大戦以降になるとそのような共同体は失われ、多くの人は都市などで個人として生活するようになった、ということだ。古井のこの言葉に触発されて思うのは、ひきこもり的心性の人というのはもしかしたら（もちろん人によって濃淡はあるが）1世紀も2世紀も〈遅れた〉つまり18世紀や19世紀的な精神的状況を持っている可能性が高い人ではないかということだ。〈遅れた〉精神状況の一つとして無意識にではあるが主体的個として生きたくない、現代の価値観や生き方、生活様式に合わせられないと感じる心性があって、心のどこかで本当は現代に生きたくない、この環境ではないところの方が暮らしやすいと思っている人だと思われる。

共同体の中でみんなと和気藹々と暮らし、自我を問題にしない生き方を好ましく感じる人にとって「主体的個」であることは辛く不幸なことである。そのような人にとって「自立せよ」「自分探しをせよ」「コミュニケーション能力を高めて自己主張をせよ」あるいは「個人の生き方が大切」「個人の自由が大切」といわれるのは嬉しいことではない。自我を持つことはバラバラな「個」として生きることにつながるからだ。ことに近年は心理学の発達や「生涯の自己の課題」が大切とされる流れがあるから、多くの若者は当然のように（あるいはそれでなければいけないと思って）自我に執着し、過剰な自我に取り憑かれたり自分がどのように見られるのかが気になったりして、にっちもさっちも行かなくなるのである。そうしたなかで自己を閉じて孤立し、世間から撤退するとこで自分を守ろうとすることがある。これが気持ちの上だけでなく現実生活で起これればひきこもりという現象になる。

気持ちの上だけでも社会からひきこもる、そういう若者がいる。しかし、そうしてひきこもったその先で待っていてくれるのは自分以外の何者でもない。だから結局、自分自身と向き合わざるを得ないのである。しかし、自分と向き合っている自分は本当は〈自我〉を持つことを快く思っていないのだから、自分で自分と救うことはできない。そこでいったいどのようにしたらよいのか混乱し、〈絶望的な気持ち〉になるし、時として死んでしまいたいとすら思うようになるのではないか。

このような経緯から見れば、ひきこもりの支援が合理的ヒューマニズムに基づく「就労」と「自立」に収斂されるのであれば、彼らの抱く絶望感を受け止める〈支援〉になっていないといえる。

自己否定はいけないのか

私は元ひきこもりの若者に幾人も出会ったが、彼らの多くから「ひきこもっているとき何回も死にたいと思った」という言葉を聞いた。絶望的な気分になる、さらに死にたいという思いはとても強い自己否定、自己嫌悪である。そのほか「自分は弱者ですから」「そもそも人間に生まれてきたことが間違いだと思っているんです」という台詞も聞いた。このような自己否定は、先に述べたような経緯で発生するものと思われる。一方、近年はいろいろな場面で自己肯定感を持つことが大切といわれる。それでは自己否定感を持つことはいけないことなのだろうか。

元ひきこもりの〈少年〉たちと〝住むこと、暮らすこと〟をテーマにホームレスの人たちの暮らしぶりを観察するフィールドワークを行ったことがあった。きっかけは朝日歌壇に毎週のように入選するホームレス歌人のことが掲載されていたことにある。紙上では「パンのみにて生きるにあらず　配給のパンのみで一日生きる」というような歌が紹介され、興味をそそられた［注2　朝日新聞、2009年2月16日］。初夏の陽射しが水面にまぶしいころ、川岸や公園を漫然と2、3時間かけて何人かで放浪し、ホームレスがどのように住んでいるのかに注目して歩いた。その後、どのような感想を持ったかをコメントしてもらったところ、ほとんどの若者が「自分もあのようなホームレスになるかもしれないと思った」「この先、ちゃんとした仕事に就けるわけではないから、ホームレスが自分の姿と重なった」という感想を述べた。しかし、このように言うのと同時に「見に行くまでは、もっと自分の意志でホームレスになった、だからもっとちゃんとしているのかと思ったけれど、昼間から寝ていたりしてあれでは生きる屍だ、まったく生命観が感じられない」あるいは「自分はこのままではだめになってしまう、何とか就職して、仕事をして、一人前になって、結婚をして子どもも持たなければと思う」と述べたのだった。つまり、ホームレスをわが身に重ね、彼らを肯定しつつ否定し、同時に自分を否定しつつ肯定したのである。

元ひきこもりの若者たちは現在の社会規範や価値観を受け入れるがゆえに、それに沿って生きていない自分を「だめなヤツ」と思って卑下し、否定してしまう。しかしそういった自己否定は謙虚さをもつことにつながるのである。そうである一方「本当は誰かに自分のことを知ってほしいし、理解してほしい、でも他人に何とかしてもらうのではなく、自分自身で何とかしたいし何とかできるはずだ」というプライドと自己肯定感を持っている。つまり自分を否定し、嫌悪しつつそのうえで肯定している、常にだめな自分とプライドを持ちたい自分との間で揺れているのである。このような絶え間ない自己肯定と自己否定の繰り返しは、ひきこもりではない人でも経験することだ。だから自己否定感を否定する必要はないのではないか。

古典的な自我と近代的な自我

『内閣府ひきこもり調査』の企画分析委員である高塚雄介は、「ひきこもる若者の心」について次のようにコメントしている。

「前に東京都が行った調査などによると、『ひきこもり』の当事者というのはどちらかというとまじめで融通がきかなく、言語表現が苦手で人付き合いが苦手であると思っていることが明らかになっている。同様の傾向は今回の内閣府の全国調査からも示されている」〔注3 平成22年、内閣府政策統括官、『若者の意識に関する調査（ひきこもりに関する実態調査）報告書』〕

このように指摘したうえで高塚は、調査から示された回答で目についたものとして、ひきこもり群は小中学校時代から「一人で遊んでいる方が楽しかった」「我慢することが多かった」とする者が一般群よりはるかに多く、「本を読む」「新聞を読む」「自分の感情を表に出すのが苦手」で他群との違いが示されていると述べ、その根拠を次のように記している。

「活字離れが指摘され、我慢することができない若者が目立つようになった現代において、『ひきこもり』の若者たちというのは、現代社会には合わない、時代遅れの者たちなのではないかという印象が強い。しかしその反面『たとえ親であっても自分のやりたいことに口出ししないで欲しい』『自分の生活のことで人から干渉されたくない』などの項目はほぼ一般群と同じ傾向が示されており、現代的な感覚も持ち合わせていることがわかる。つまり、古いだけでなく近代的な自我と古典的な自我が共存しているように思われる」

高塚によれば「まじめで融通が利かない」「言語表現が苦手で人付き合いが苦手」「我慢することが多い」「活字離れしていない」などの要因を持つものを古典的な自我と呼び、「たとえ親でも自分のやりたいことに口出ししないで欲しい」「人から干渉されたくない」というような心性を持つものを近代的な自我と呼んでいる。そして、ひきこもりの若者はふたつの自我が共存しているという特徴を持つため、現実場面で二つの自我がせめぎあうこともある、それで身動きが取れなくなるのではないかと分析している。

高塚が指摘する「ひきこもりの若者とは現代社会に合わない、時代遅れの若者」という点はこれまで本書が主張してきた点と重なる。古典的な自我とはこれまで本書で述べてきた言葉を用いて言い表すなら、主体的な個を強く主張しないことを指し、近代的な自我とは主体的個を主張することを指している。だからこの観点からひきこもりの心性を見ていくことは有効であると思われる。

高塚は、ひきこもりの若者は古典的な自我と近代的な自我が共存しているという特徴を持つがゆえひきこもると分析している。だとするとひきこもりではない若者は近代的な自我が強く、それゆえ近代的合理主義や今日の社会にうまく適合できる、だからひきこもらずにいられるという推論が成り立つ。しかし、古典的な自我と近代的な自我を共存させているのは果たしてひきこもりの若者たちに限った特徴といえるのだろうか。

一般群とひきこもり経験群とは重なり合っている

『2011年ひきこもり調査』では、以下にあげる8つの項目について「まったくそう思う」から「まったくそう思わない」まで5段階で答えてもらった。

（1）「自分は我慢する方だ」、（2）「自分はまじめだ」、（3）「言語表現が苦手だ」、（4）「人付き合いが苦手だ」、（5）「一人でいることが好きだ」、（6）「自分のことを人から干渉されたくない」、（7）「たとえ親でも自分のやりたいことに口出しして欲しくない」（8）「感情が抑えられない」

その結果はグラフ22～29の通りである。

上記8項目のうちひきこもり経験群のほうが「まったくそう思う」「まあまあそう思う」をあわせた数値が10ポイント以上高いものは「人付き合いが苦手」「自分はまじめ」「一人でいるのが好き」「感情を抑えられない」の4項目であった。なかでも「人付き合いが苦手」は一般群よりも27ポイントも高く、7割の者が該当した。ひきこもり経験群に高いこれら4項目は古典的な自我に属するものであるから、高塚の指摘と合致する。したがって古典的な自我はひきこもり経験群のほうが強い傾向にあるといえなくはない。

しかし、「言語表現が苦手」「人から干渉されたくない」の項目は、ひきこもり経験群と一般群とでは7ポイントしか違わず、「親でも口出しして欲しくない」はひきこもり経験群、一般群ともにあまり変わらず、「自分は我慢する方」はむしろ一般群のほうが高いのである。つまり古典的な自我に属

グラフ 22

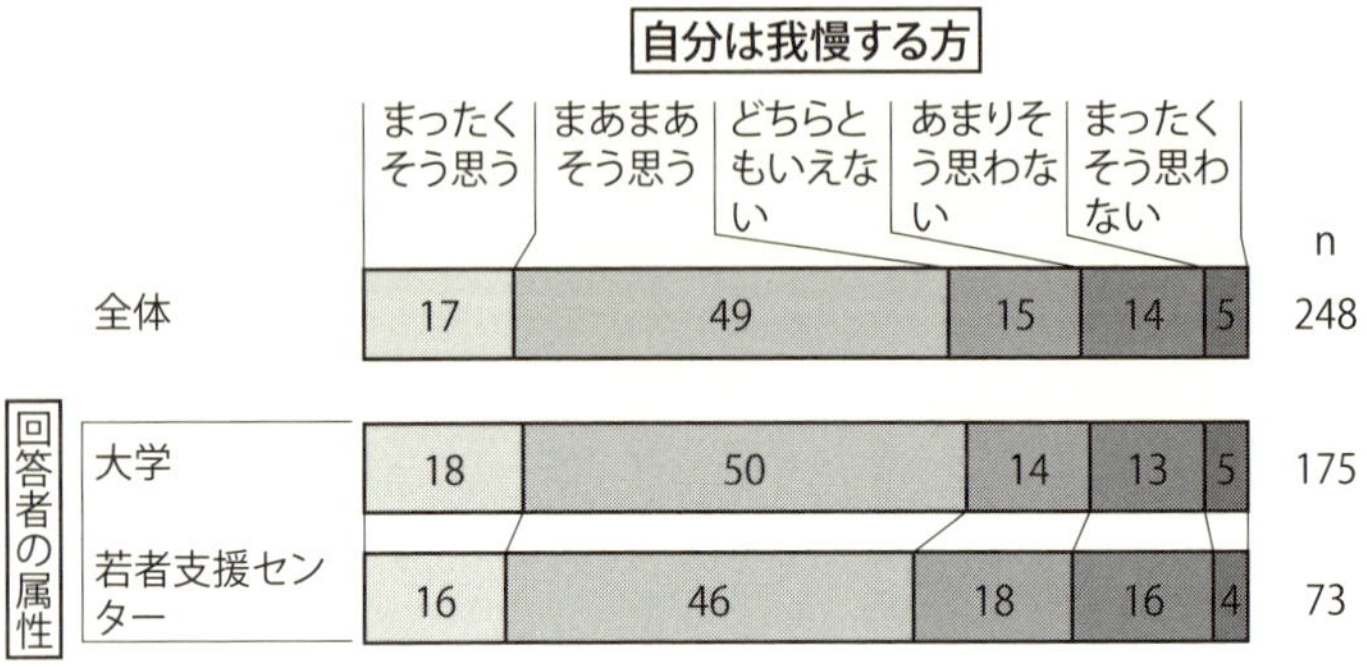
自分は我慢する方
まったくそう思う
まあまあそう思う
どちらともいえない
あまりそう思わない
まったくそう思わない
n
全体
17
49
15
14
5
248
回答者の属性
大学
18
50
14
13
5
175
若者支援センター
16
46
18
16
4
73

グラフ 23

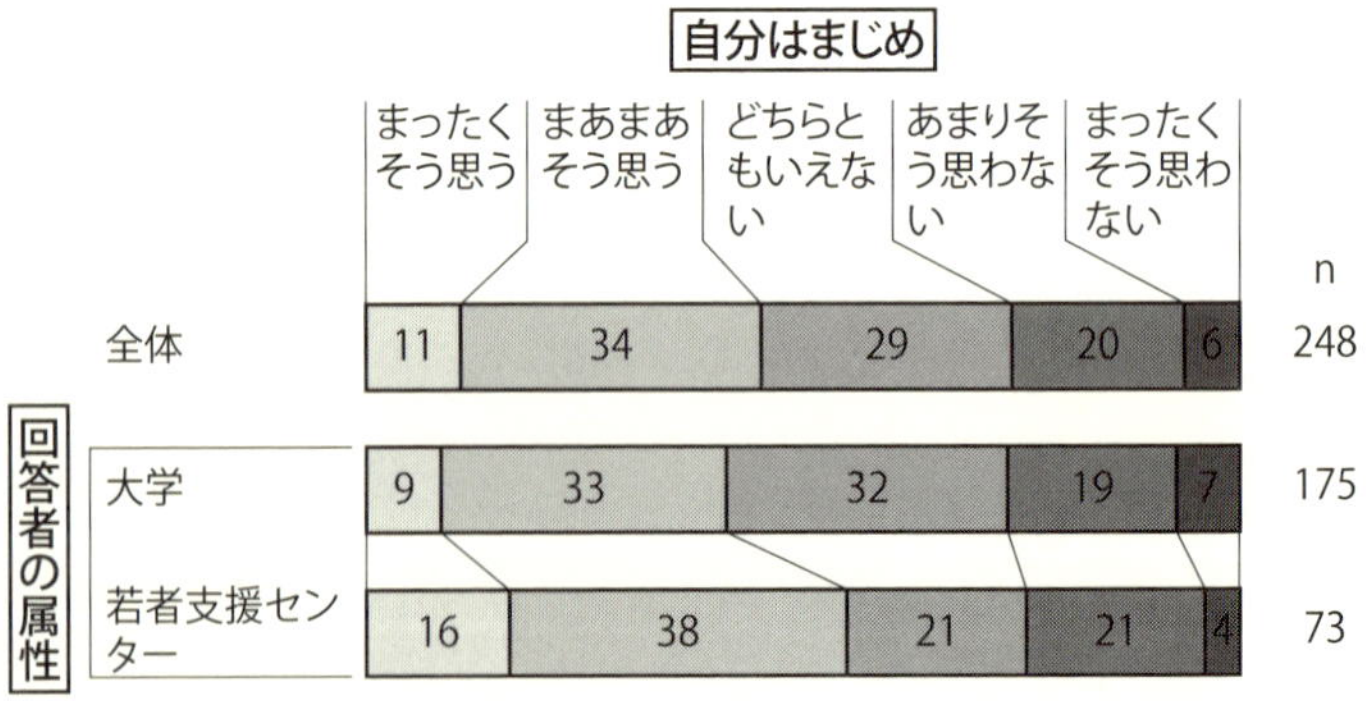
自分はまじめ
まったくそう思う
まあまあそう思う
どちらともいえない
あまりそう思わない
まったくそう思わない
n
全体
11
34
29
20
6
248
回答者の属性
大学
9
33
32
19
7
175
若者支援センター
16
38
21
21
4
73

グラフ 24

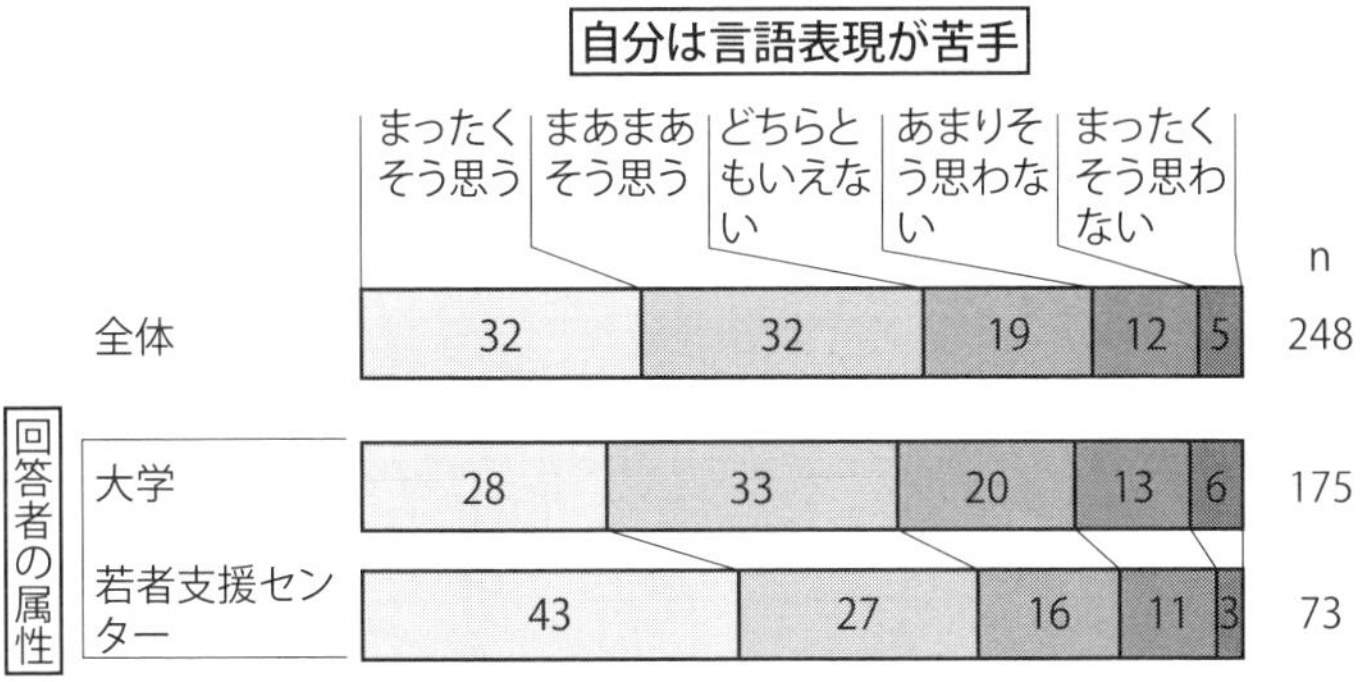
自分は言語表現が苦手
まったくそう思う
まあまあそう思う
どちらともいえない
あまりそう思わない
まったくそう思わない
n
全体
32
32
19
12
5
248
回答者の属性
大学
28
33
20
13
6
175
若者支援センター
43
27
16
11
3
73

グラフ 25

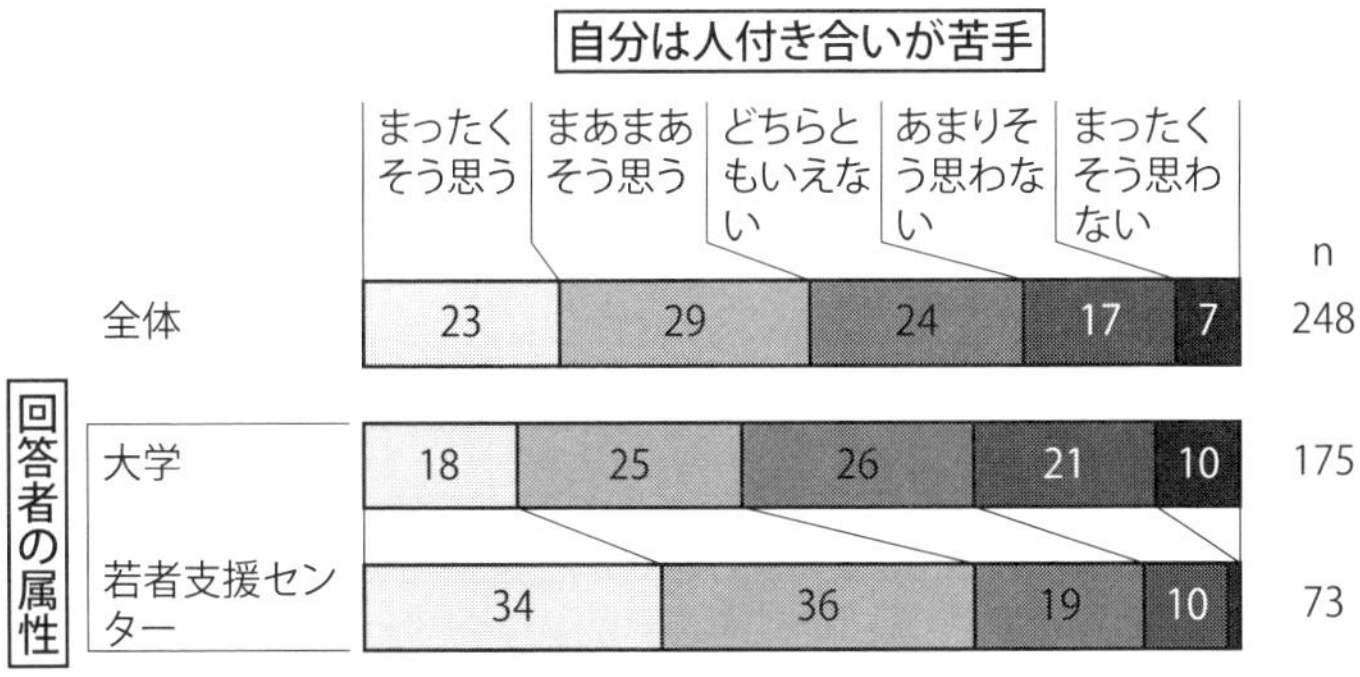
自分は人付き合いが苦手
まったくそう思う
まあまあそう思う
どちらともいえない
あまりそう思わない
まったくそう思わない
n
全体
23
29
24
17
7
248
回答者の属性
大学
18
25
26
21
10
175
若者支援センター
34
36
19
10
73

グラフ 26

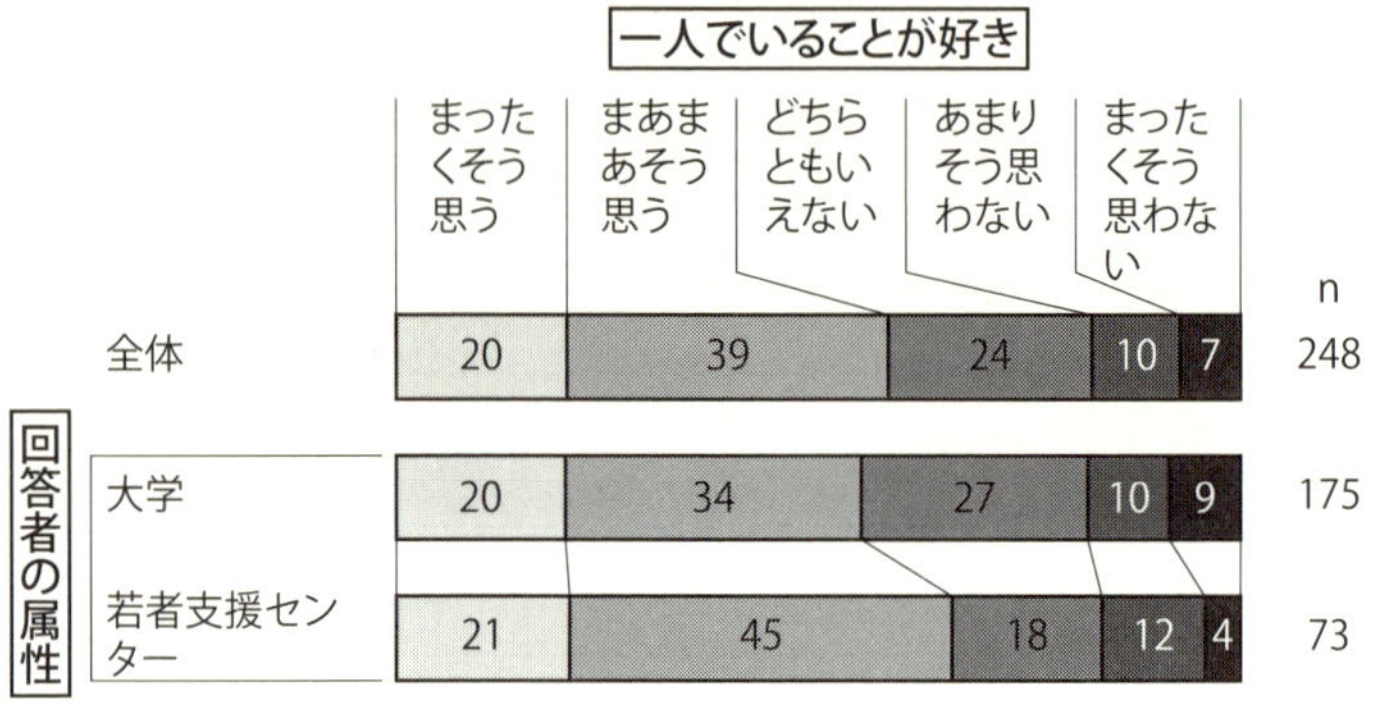
一人でいることが好き
まったくそう思う
まあまあそう思う
どちらともいえない
あまりそう思わない
まったくそう思わない
n
全体
20
39
24
10
7
248
回答者の属性
大学
20
34
27
10
9
175
若者支援センター
21
45
18
12
4
73

グラフ 27

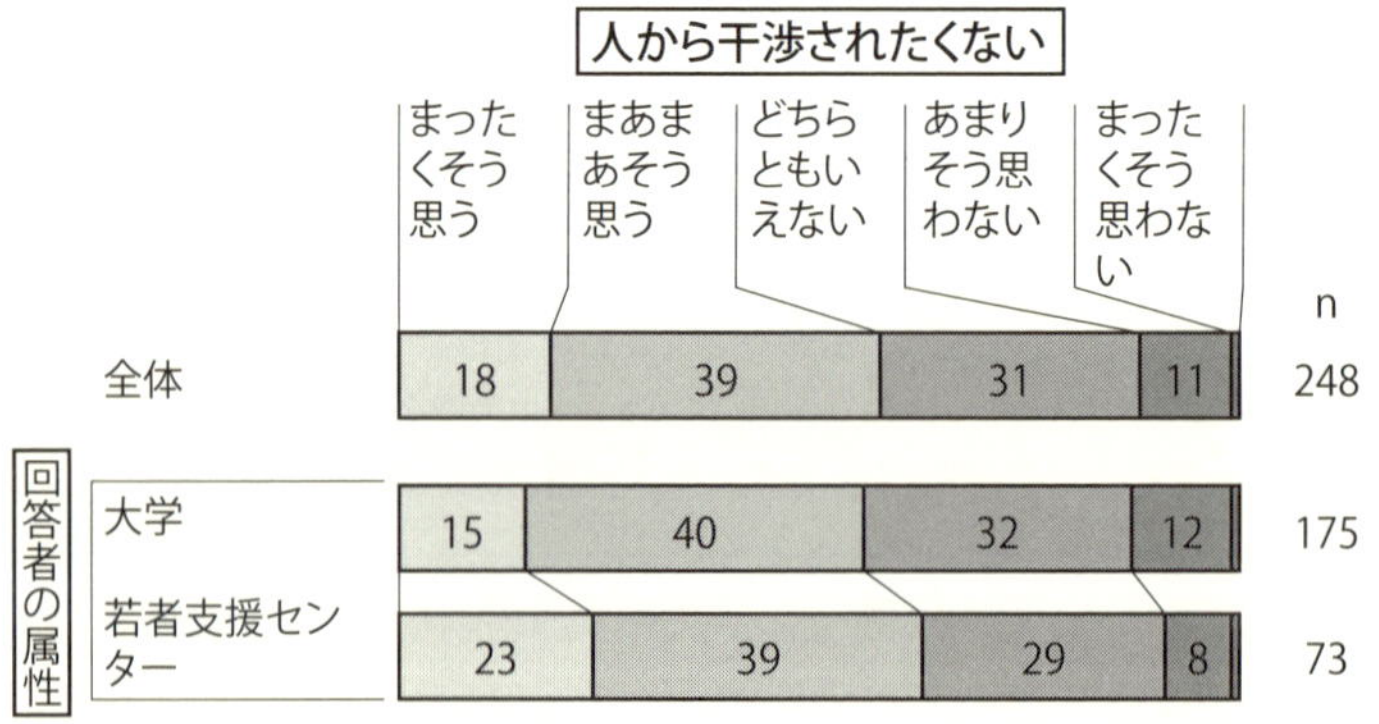
人から干渉されたくない
まったくそう思う
まあまあそう思う
どちらともいえない
あまりそう思わない
まったくそう思わない
n
全体
18
39
31
11
248
回答者の属性
大学
15
40
32
12
175
若者支援センター
23
39
29
8
73

グラフ 28

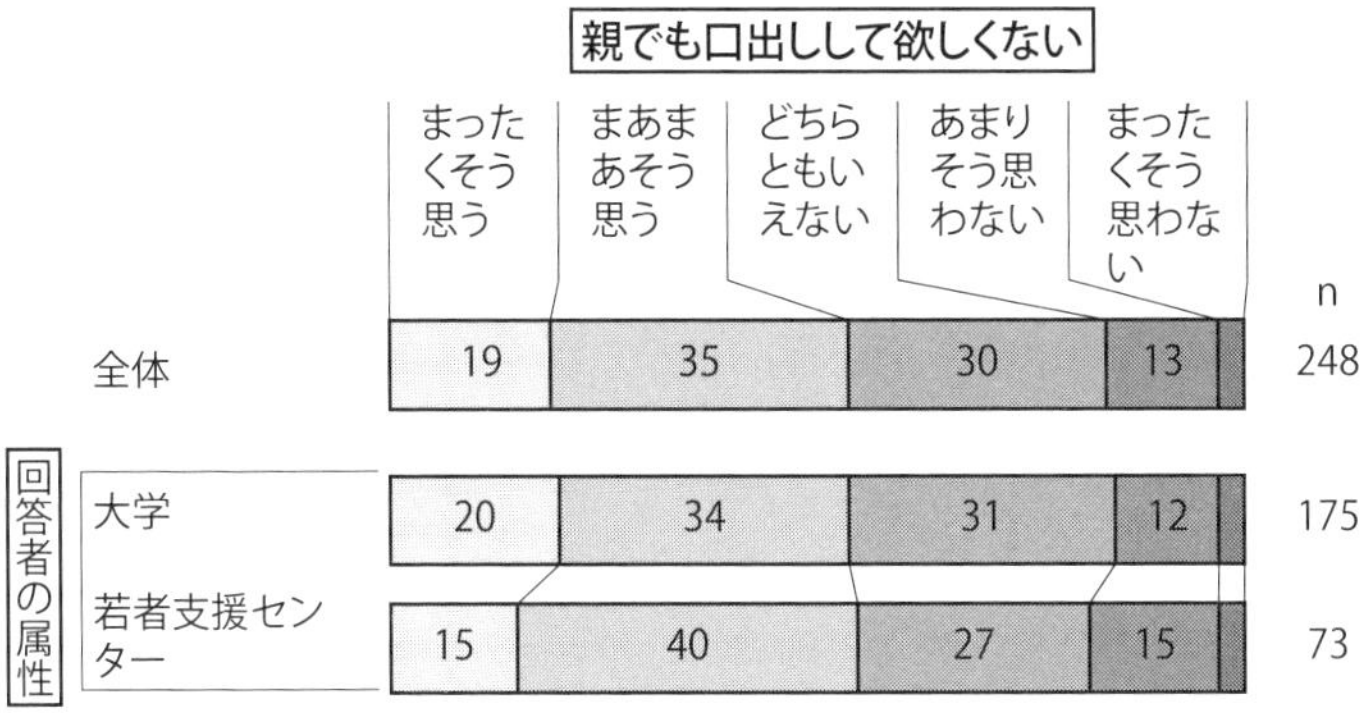
親でも口出しして欲しくない
まったくそう思う
まあまあそう思う
どちらともいえない
あまりそう思わない
まったくそう思わない
n
全体
19
35
30
13
248
回答者の属性
大学
20
34
31
12
175
若者支援センター
15
40
27
15
73

グラフ 29

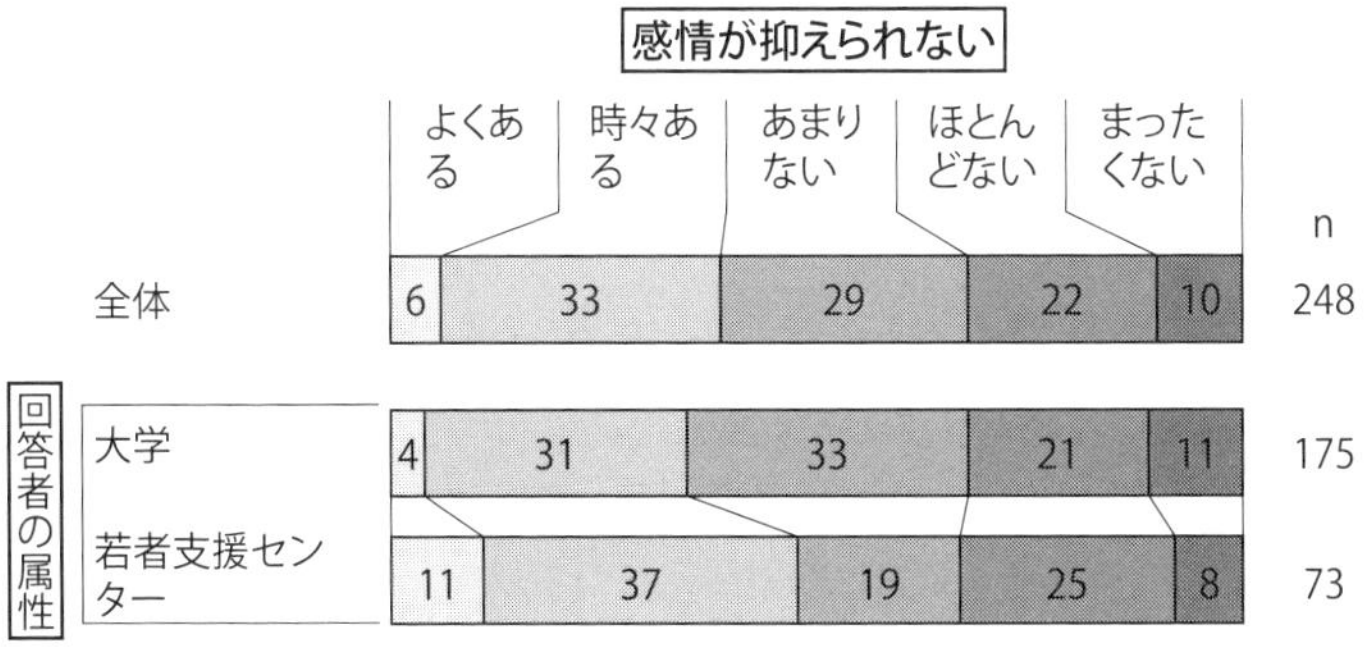
感情が抑えられない
よくある
時々ある
あまりない
ほとんどない
まったくない
n
全体
6
33
29
22
10
248
回答者の属性
大学
4
31
33
21
11
175
若者支援センター
11
37
19
25
8
73

する項目は、ひきこもり経験群のほうが強い傾向にあるものの、必ずしもすべての項目にこれが該当するわけではない。むしろ一般群のほうが高い項目もある。これらの結果はどのように解釈したらよいのだろうか。

『2011年ひきこもり調査』の結果は高塚のコメントと食い違っていて、古典的な自我と近代的な自我が共存しているのは必ずしもひきこもり経験群に限った特徴とは言えないということになる。一般群のなかにもこれに該当する者が少なからずいるのではないか。つまり、一般群であろうとひきこもり経験者であろうと、今日の若者の多くは古典的な自我と近代的な自我の両方を持つ者が多いということだ。そして彼らは何かのきっかけでふっと落ち込んでしまうと、ひきこもりの可能性があるということである。

ところで高塚は先のコメントの中で、現代の子どもたちは早くから自立することが求められていると指摘している。この指摘に付け加えるなら、現代の若者は自分の考えをしっかり持ち、それを表現することが例えば就職活動では大切とされている。これらの要求に沿ってきちんと応えていかなければ、就職という大事なイベントをクリアすることが難しくなっているのであるが、それができる若者が一定程度いるのは確かである。そういう若者は、近代的な自我をより強く持った人たちといえるだろう。しかしその一方で、これらの要求に応えていくことは孤立していくことにつながり、それは自分ひとりを頼りにすることで、絶えられないこと不幸なことだと思う若者もいる。彼らは主体的個を強くもたない、つまりは古典的な自我を濃厚に持つ若者である。彼らにとって就活という作業は苦痛なのかもしれない（もちろん、二つの自我のどちらが強いというわけではない、中間に位置する若者もいると思われる)。現代という社会で生きる若者にとって、近代的な自我を程よく持ち合わせていることは大事である。そのほうが社会にも仕事にもうまく適合できるし、ひきこもりにはなりにくいからである。

けれども日本ではいまだに学校で制服着用を義務付けるところが多いというように、若者に〈自我〉や〈個〉の埋没を強制している側面がある。その一方で「自分の考えを持ちなさい」と〈個〉の主張を勧めるのである。だからこの矛盾した両方の要求にうまく対応できることもひきこもりになりにくい要因といえる。

一方、古典的な自我を色濃く持ち、したがって主体的個であることに心のどこかで反発している、にもかかわらず早くから自立し、自分の考えをしっかり持ち、あきらめずにどこまでも努力するよう迫られ、近代的な自我を持たざるを得ないことに苦痛を感じる人たちがいる。このような心性を本書では〈ひきこもり的心性〉と呼ぶことにしたい。彼らは何かのきっかけでそういった自分の心性に気がつき、このことで苦しみ、時としてひきこもっていくと思われる。しかしこれは推測であるが、ひきこもり的心性を持つ人は、ひきこもってからのほうが本来の自分であると実感し、心の底ではほっとするものなのである。

二つの自我に関していえば、ひきこもりとそうでない人というように明瞭な線引きができないといえる。これは雇用労働(第5章)、ライフコース(第6章)に関する意識がそうであったように、自我意識についても両者を分けないで「今日の若者」というくくりで見たほうが妥当だと思われる。

3　生活基盤を築くために

〈自分〉はいったいどこにいるのか

以上、ひきこもり的心性について述べてきたが、もっとわかりやすくする必要があるだろう。その前に再び話しを冒頭の私自身のことに戻したい。

それにつけてもどうして私は学校の廊下からの風景を見て、〈あと何年この風景を見続けるのだろうか、ちょっと耐えられそうもない〉と感じ、教員を廃業したくなったのだろうか。ひきこもりについて考えていくなかで、その解答の一端がわかりかけてきたように思う。

50年近く、私はいわゆる定番のライフコースを歩んできた。日々の生活は教員としての本分から外れないように、家族、家庭を築いた以上社会秩序から逸脱しないようにという思いを胸に畳みつつ生きてきた。けれども翻って考えると、この〈思い〉というのは私という人間から発したものではなく、定番のライフコースに乗るのであれば必然的にそうせざるを得ないということであって、生活の主たる営みである〈教育〉〈家庭、家族〉というものも、特別私個人の思いに基づいて行っているわけではなかったように思う。

一方、生活時間の多くを費やしてきた学校現場というところは、それまでになかった状況が広がりつつあった。例えば心の教育とかきめ細かな進路指導、生徒指導、学習指導とか教育相談が要求され、その他多くの委員会などなどで次第に学校は埋め尽くされるようになった。生活時間の多くはそれに割かれ、自分を快復するすき間はどんどん減っていき、それと反比例するように生徒や教員仲間と〈人間的〉なかかわりは持ちづらくなった。

今日多くの人々はたとえ結婚して家族を持ち、彼らと親密な関係を日々持てたとしても、自我というものを持たざるを得ない社会で生きている。だから、結局のところ自分の生活基盤となるものは自分の内面で持つよりほかないのである。そして多くの場合人はその生活基盤を仕事によって得ているのではないか。それが私の場合、学校という組織で暮らしていたある日、〈学校という場に依拠しながら、自分の生活基盤を持つことは困難ではないか〉という思いに闇雲に襲われたのだった。つまり、それまで無意識、無自覚のうちに沈んでいたかもしれないこの〈思い〉が、学校の廊下というなんでもない風景を見ることによって、言ってみれば偶然、偶発的な出来事によって触発され、意識のうちに上ってきたのである。そして〈いったい自分が自分であると感じ、自分の内面を確認するにはどのようにしたらよいのだろうか〉という不安で不安定な気持ちとなって湧きあがり、それに取り憑かれたのだった。私が学校の廊下で受けた衝撃とは、言ってみればこのような〈思い〉であった。

このように感じたとき同時に、〈おそらくこの先の教員生活のなかで、自分の内面を確認したり見つけ出したりするのは無理ではないか、この仕事よりも別のところでしかそれは得られないのではないか〉という思いを抱いたのであった。それはまったく予期しないことだったが、今にして思えばこれが教員廃業に駆り立てられた大きな要因に違いないのである。もちろんこのような思いが意識に立ち上ってきて、それに従って仕事以外のところで安定した自分を見つけようと思ったとしても、そのために教員を廃業したからといって、この衝動を誰か他人が理解してくれるとわけではなく、もちろん次なる段階が見えてくるというわけでもなかった。なにしろそのときは不安で不安定な気持ちの核心が何であるのか、自分にもわかっていなかったからなおさらのことである。

その後、何年もたってから元ひきこもりの若者たちと出会い、ことに正社員に就きながらさまざまな理由で辞めていった方たちの話を聞くなかで、彼らが正社員を辞めた動機が、あるいはひきこもっていった理由がどこか私の経験と重なるのではないかと直感したのだった。より平たく言うなら私もひきこもり的心性を持っているということである。それだから「就職コース」少女たちに、その後は元ひきこもりの方たちに親しみと共感を抱いたのだと思う。彼らをひきこもりという〈概念〉で把握し、〈発見〉するに及んでようやくあのときの衝動が何だったのかがわかりかけたのである。

マチス的とルオー的

おそらく近代以前まで多くの人は共同体の一員として農村などで暮らし、地域共同体の中で相互依存しながら、〈自己〉や〈自我〉をあまり意識せずに、先祖が携わってきた家業に従事しつつ、昼は働き夜は眠るという生活をしてきたと推測される。そこで精神的に安定した生活基盤が築けたのである。それが近代化とともに多くの若者は地域共同体から離れて都市生活者となった。そこでいわゆる近代合理主義を受け入れつつ生活するようになり、時として孤立したり、困ったとき親身に助けてくれる者がいなかったり、頼れる者は自分しかいないというような生活になっていった。つまり自分というものの生活基盤がしっかりしない状況のなかで、否応なく自我を持たざるを得なくなり自分と向き合うようになった。ひきこもりとは、このような近代化とともに発生してきた問題、こういった状況にうまく対応しきれない体質、気質、あるいは内面を持つ人の問題といえる。だから、ひきこもりを特徴づける気質、体質、あるいは心性とは時代や生活暦などを超えて、人間が持つより普遍的内面にかかわる問題ではないかということである。

それではその〝普遍的内面〟とはどのようなものなのだろうか。ここではそれを指し示すひとつの指標として「マチス的とルオー的」ということを提示しつつ考えてみたい。

このことを思ったのは、昨年見たジョルジュ・ルオーの美術展がきっかけである。いくつもの絵画を観ているうちにふっと「ひきこもり」の気質、心性のことが連想され、「あっ」と思ったのである。連想したのは10年以上も昔、同じルオーの美術展を観たのだが、そのとき買い求めた図録のなかに書かれてあったある文章である。その文章の筆者、柳宗玄はルオーとマチスについて興味深いエピソードを述べていたのだが、そのエピソードを思い起こしたのだった。マチスとはアンリ・マチス（1869〜1954）、ルオーとはジョルジュ・ルオー（1871〜1958）、ともにフォービズム（野獣派）と呼ばれ、同じくらいの年代を生きた20世紀を代表するフランスの画家である。

それにしても、いったい二人の著名な画家とひきこもりとはどこでつながるというのだろうか。

南フランスのコート・ダ・ジュールは地中海に面した美しい土地である。なかでもニースは富裕層に愛される街として知られ、あのモナコ公国は眼と鼻の先にある。私は一度だけプロヴァンス地方からTGV（フランスの新幹線）に乗って下り、マルセイユを経由してこのニースを訪れたことがあった。12月にもかかわらず明るい陽光が暖かな海岸線を照らし、かつての貴族が暮らした邸宅や建造物が建ち並んでいた。その山の手のオリーブや糸杉が茂る丘の上に建つのが、ニース領主の別荘であったものを外装をそのままに、内装を改装したマチス美術館だ。ニースの華やかさによく合ったこの美術館には、マチスのあの彩度と明度が高く、豊かな感性と複雑な心理を孕んだ、それでいて単純化されたフォルムの絵画や切り絵がゆったりとしたスペースに展示されていた。

対するルオーの作品は一変している。ことにルオーに描かれた娼婦は男を誘惑するなまめかしさがないばかりか、「ほとんど醜悪な肉の塊である（柳宗玄）」。「うちの息子がルオーの『娼婦』を見たら、もう悪いところへは遊びに行かないだろう」という話しさえ伝わっているという。やがてルオーの「娼婦」はその醜悪さを失って「裸婦」になり、次第にその美しさは顔面に集約され「聖女」になるのだが……。そして敬虔なキリスト者であったルオーの絵の中で、ことに深く心に刻み込まれるのはなんといってもキリストの顔を描いた「聖顔」であり、人類の大戦の大悲劇を直視した「ミセレーレ」である。

図録のなかで柳はルオーの優れた研究者の一人ピエール・クルティィヨンが書いた文を引用にて次のように述べているのだが、私が思い起こしたのはこの話しであった。

「彼（クルティィヨン）があるときこのふたりに『あなた方は同胞との連絡の希望のまったく失われた孤島にいるとして、それでも絵を描くか』と質問した。マチスの答えはきっぱりと否定的で、彼は『公衆なくしては芸術家は存在しない。芸術家は理解されるように努める。画家は見られることを求める』と言った。これに対してルオーはもっと控えめな態度で『私はもちろん描く、見る者がいなくても、見てもらう望みがなくても』ルオーはまた『人に見てもらおうとする欲望は癒しがたい病だ』

と言った。クルティヨンの言葉を借りれば、ルオーの場合、作品が仕上げられていくとき自己に閉篭もる時期のあることはやむをえないことである。」

私は図録を広げ前述の文章を読み返し、改めて思った。人に見てもらう希望がなくても絵を描くルオーはひきこもり的な人間であり、人に見てもらい評価してもらうことが描くモティベーションとなるマチスは、ひきこもることがないのではないか、と。翻って自分自身を考えると、絵は描けないけれど出す当てがなく誰にも読まれず、野ざらしになる運命とわかっていても、日記やエッセイ、手紙などをきっと書いてしまうだろう。このことから判断すると私はひきこもり的人種ということになる。マチスとルオーのこの質問に対する回答を一つの指標にしたとき、世の中にはきっと一方の極にルオー的な人間がいて、もう一方の極にマチス的な人間がいる。その中間にグラデーションのように二つの気質が合わさった人やどちらでもない気質の人がいるのではないか。

心の壁に空気孔をあける

マチス的人間というのはどちらかといえば周囲の人や世の中の価値判断を重視し、それによって一喜一憂するという面がある。けれどもどちらかといえば生きていることに自信のある、健康的な優越者、強者なのではないか。マチスの明るい色調のように、どちらかといえば明るく物事を悲観的に考えない性格ではないだろうか。

これに対してルオー的な人間というのは、内面にともすると劣等意識を持ち、何かしらに出会ったとき身体はひきこもらないまでも心を閉ざし、自分のなかに閉じこもってしまう人だ。一人の世界にどっぷりつかって、そこで深い自己満足を得ながら時間を過ごすのが好きである（ちなみに「一人で遊んでいる方が楽しかった」というのはひきこもりの人に多い）。そしてルオー的な人は画家の色調がそうであるように、性格的にどこか暗くペシミスティックなところを持つことが多いのではないか。けれども彼／彼女は、人の評価を気にしないというわけではない。どんな人でも人から認められたい、という願望を持っているものである。だからルオー的な人もまた自分を認めて欲しいと思っている。しかしルオー的な人の場合、〝認められる〟というその価値基準が、学校や社会一般のそれ、つまり学校の成績がよいとかランクの高い大学に合格したとか、「よい会社」に就職できたとか高い地位に就きよい給料をもらっているというようなものではないのである。心の奥底で「そういった価値基準で認めてもらおうとする自分は〈本当の〉自分ではない」と感じているのである。ルオー的な人は世間的な価値評価と関係なく、時として自己満足になろうとも自分で自分が共感できることをやりたい、そしてそのような自分を認めてほしいと思っているのである。しかし、往々にしてそういった側面から彼／彼女は人から認めてもらいにくい。そして、社会的価値基準だけで評価されることに違和感を覚える。だから生きづらく、時として心を閉ざしたりひきこもったりするのである。

だからといってルオー的な人は肉体的に不健康であるとか、コミュニケーションをとるのがうまくないとか、社交的ではないというわけではない。身体健全とかコミュニケーションがうまく取れるとか、人とそつなく接するというのはある種のスキルによって得られるものだ。だからルオー的な人でも訓練や教育などでそれらを獲得するからである。ここで問題にしているものは無意識、無自覚なその人が持つ内面である。たとえ自分がルオー的な人間であるということに自覚的になったとしても、それを訓練や教育によって別のマチス的な気質や内面に変えることはできない、そういった内面である。だからこのような気質、内面を持っているのが自分というものであると素直に受け止め、その自分と付き合うよりほかないのである。

このようなことからひきこもりとは近代社会が生み出したものであるが、もともと人間が持っているルオー的な内面世界を持つ人に発生する問題だと思うのである。

ルオー的な人が厄介なのは、自分の中に入り込むのが行過ぎると自分で自分をどうしようもなくなり、自我を病んでしまう点だ。この状態がひきこもりである。そうなったとき、自分を閉ざしている自我に空気孔をあけて外界の風を入れ込むノウハウを持つこと、そしてマチス的な人と交流することが必要である。単に暮らしている環境を変えるだけではひきこもりから脱することは難しい。誰かと日常生活を一緒にするなかで、自分の力で自我という壁に風穴を開けていく、そうやって自分というものの風通しをよくすることが大事なのだと思う。そうすることで自分の生活基盤を何とかつくることができるのではないだろうか。おそらく世の中は両方の気質の人がうまく共生することによって生きやすい社会になるのではないだろうか。

エピローグ
21世紀的感性を持つために

1990年代もあとわずかというころ、すっかり世の中からなくなったと思っていた「管理教育」が別の形で姿を現しつつあった。本書の冒頭では80年代の管理教育全盛とその顛末を書いたけれど、その「管理教育」のもと、生徒、若者の気持ちは大いに荒んでいった。だからあのころを思い出した。「管理教育」の再来の波がひたひたと来ていることを感じて、ある女子高校生が学校社会をアリの世界にたとえて私にこう言った。

「アリは働き者だっていうけれど、アリの社会にも必ず怠け者のアリというのがいるんだって。それで、怠け者アリを仲間から排除して働きアリばかりにすると、そのなかからまた必ず怠け者アリがでてきて怠けるんだって。社会には一定の怠け者や落ちこぼれが必要で、それで生態系ができているってことだよねえ」

私は生徒や若者のほうが実によく悟っていると痛く感心した。でもそんなことにはお構いなく、あれ以来学校はますますマジメに努力する子、向上心を持つ子、自分の夢の達成に取り組む子を育て、先生は「いい授業」をすることに熱心になった。だから学校は授業もそうでない時間も〈意味のある〉ことで埋め尽くされ、無駄が入り込むすき間がなくなり、観念的倫理主義で覆われて行った。今風に言えば〈不適格教員〉（彼らのなかには一種の妖怪のような方もいて、その存在が堅苦しい学校にゆるみと和みを与えていた）や〈不良〉、赤点や停学、謹慎で彩られたに日々は消えて行き、アソビは減り、ナンパ、ケンカ、サボり、ダブり（留年）は見たくても見られず、妙に健全で明るいが退屈で平板な場だけが残った。

彼ら若者の親世代は経済成長を支え、その恩恵を受けてきた。そして「お母さんが子どもを育てる」という発想のもと、保育園や学童保育を沢山つくれば、子育てがラクになりうまくいくと信じてきた（「お母さんが子どもを育てる」という基本理念にはまったく手をつけないのだから、そのようなものが本当に子育てに貢献しているとはいえないのだが）。お母さんは子育てに熱中し、子どもが進む場合も退く場合も自らが支配し、子どもの一挙手一投足までにも気を配った。言い換えるならお母さんは子どもを抑圧し禁止し、同時に期待し、子どもを自分の希望の星にした。結果、母子関係はすっかり袋小路に入ってしまった。

お父さんの関心事はいつも自分の仕事であり社会的立場であり、退職して年をとっても元気で健康（アンチエイジング）で、いつまでも自分を磨く生涯発達を考える無邪気な青年でいることだ。未熟な若者に語ることは相変わらず博愛主義や理想主義でしかない。そればっかりでは人生の危機難題は切り抜けられないのにもかかわらず、世の中や人生にはウラやカゲがあり、人の心にはヒダというものがあり、あるいは不潔極まりない掃き溜めや醜悪なものがあったりすることを、さらには老練、老獪な手法で未熟な者を時には道に迷わせ、翻弄しようと腐心することなどなくなってしまった。

若者が10代までに多くの時間を費やす学校と家庭は、このような〈20世紀的価値観〉が温存され、社会や雇用現場もまた〈20世紀的価値観〉をもとにシステム化されている。だからひきこもりとはこの〈20世紀的価値観〉から生み出された現象に違いないし、依然としてこの価値意識をしっかりと刷り込まれ、教師や親が指し示す〈20世紀の道〉を歩こうとする若者がいる。その一方で怠けアリのたとえ話を語った女子高生のように、20世紀的システムを疑い、拒否し、自立せず、お金がなくても仕事がなくてもやることがなくてもみんなで依存しあいもたれかかりあって、20世紀的価値のもとで生きていくことを〈あきらめた〉若者（それは少なくとも3割は存在する）がいる。そのような感性を持った若者が、きっと次の時代を切り開いてくれるのだと思う。

最後に多くの若者に出会ったなかで強く感じたことをひとつ記したい。

それは、若者たちはもっと非現実的と思われる、それこそ妄想といわれるようなことを言ってもいいのではないかということだ。実現不可能なことに賭けるのは愚かかもしれない。荒唐無稽で非現実的なことを空想するのは子どもっぽいといわれるかもしれない。でも、思わず、願わず、空想しなければどんなに時がたっても現実は変わらない。こうなったらいいだろうな、こういう世の中なら楽しいだろうな、生きやすいだろうなと空思い（そらおもい）することはタダだし、誰にでも許されることだ。思ったことを独り言として大きな声でつぶやいてみる（形容矛盾だが）。親との関係について、働くこと、くらし方、カップルになること、これから先の生き方などなど20世紀的な価値観に囚われないでいろいろ空想する時間をゆったり、まったり持つ、このことを若い方にお勧めして本書を閉じることにしたい。

【著者略歴】

梶原公子（かじわら・きみこ）

1950年静岡生まれ。20年余県立高校教員として勤務。

退職後社会学修士、栄養学博士、管理栄養士資格を取得。

日本社会臨床学会運営委員などをしながら社会臨床学的視点で執筆活動を行う。

共著に『セックスという迷路』『健康不安と医療過剰の時代』、単著に『自己実現シンドローム』『女性が甘ったれるわけ』いずれも長崎出版。

なぜ若者は「自立」から降りるのか
——しあわせな「ひも婚」へ

2012年5月10日　初版第1刷発行

著　者　梶原公子
発行者　高井　隆
発行所　同時代社
〒101-0065　東京都千代田区西神田2-7-6
電話 03(3261)3149　FAX 03(3261)3237
装　幀　クリエイティブ・コンセプト
組　版　有限会社閏月社
印　刷　モリモト印刷株式会社

ISBN978-4-88683-720-2